Facilitation Skills Training

"困った職場"を劇的に変える

話し合う技術を磨く

ピープルフォーカス・コンサルティング 著

日経情報ストラテジー 編

日経BP社

はじめに
「困った職場」から抜け出せ！ 009

第1章
チーム作りとファシリテーション 015

組織をチームの集合体として見る 016
「機能不全チーム」の問題／グループとチームの差とは

「三つの要素」でチームを進化させる 021
どの要素を強化すべきか／ファシリテーションでチーム力を強化する

ハイパフォーマンス・チームに進化する 027
内面に目を向け、深い理解を促進する

「ファシリテーション」の本質とは 033
側面から支援する／「文殊の知恵」を出し合う職場、出せない職場／プロジェクトの瓦解を食い止める／ファシリテーターの四つの役割

第2章 「たたきつぶす」「一方通行」～困った会議を変える 049

会議には問題が山積み 050

困った職場症候群 その1
建設的な意見出ず「たたきつぶす」会議で終わる 052
たたき台の位置付けがあだに／意見の発散と集約のフェーズを分ける／ルールを決め、常に立ち返る／発言の機会を保証する

困った職場症候群 その2
単なる報告だけに終わる一方通行会議、周囲は「内職」 063
会議の様子を図で模式化／その会議の目的は何だ／議論の的を明確にする

カリスマからファシリテーターに 071
「指示する」リーダーの限界／背負い込みの悲劇／「指示」と「支援」のバランスが大事

リーダーが会議ファシリテーターとなるには 079
課題1 聞いてもメンバーから意見が出てこない／課題2 意見を言いたくて我慢できない／課題3 意思決定する立場と板挟み

第3章 「他人事」「無関心」～形骸化した変革プロジェクトを再生する 089

トップダウンだけで会社は変わらない 090

困った職場症候群 その3
笛吹けど踊らぬ業務改革 当事者意識に欠けた「他責職場」 092
フェーズ1 場を作る／フェーズ2 関係を築く／
フェーズ3 問題意識を共有する／
フェーズ4 課題領域を特定する／
フェーズ5 解決策とアクションプランの策定

ビジョンを共有し、変革への情熱を生む 119
ビジョンとバリューをすり合わせる

困った職場症候群 その4
立派なビジョンも現場に浸透せず「なんでそんなことやるの？」職場 123
フェーズ1 個人のバリューを引き出す／
フェーズ2 個人のバリューと組織ビジョンを結びつける／
フェーズ3 組織ビジョンを体現する／
フェーズ4 アクションプランを作る

第4章 「聞いてない」「知らなかった」～日常コミュニケーションの行き違いを防ぐ 135

「職場」というチームの難しさ 136
「いつも一緒」だから見落としていること／チームへの意識がなく、自らの業務を「こなす」だけの意識に陥る

困った職場症候群 その5
社員の視野は1メートル四方のみ 「自分の業務だけで手一杯」職場 144
仕事の進ちょくを見える化する／メンバーの気分を見える化する

あえて対立を起こす 152
侃々諤々コミュニケーションのすすめ

「会わないコミュニケーション」を円滑にするには 158

困った職場症候群 その6
メールのみでのコミュニケーション 協働不全職場 160
バーチャルチーム運営の難しさ／「メール悪者説」は本当か／バーチャルチームだからこそ、リアルな場の質を最大化する

第5章 強いリーダーシップチームを創る～プライドと縄張り意識を乗り越えて 169
最大の「問題チーム」は経営陣? 170
経営陣がチームになりにくい理由／ワンマン社長の詰問会議／事務局が過剰なお膳立て
困った職場症候群 その7
「腹を割って」話せない経営会議 議論せず、自分の主張を述べるだけ 178
二つの帽子のジレンマ／ジレンマを発展的に解消する／補完を意識し合う
第6章 実例に見る ワークショップの進め方 187
「話し合う技術」を駆使したワークショップの実例 188
危機に直面した組織が選択／事前準備1 目的を確認する／事前準備2 プロセスを描く／

第7章
ますます多様化が進む職場で 223

フェーズ1 話し合いのルールを決める／フェーズ2 前向きな雰囲気を醸成する／フェーズ3 現状と課題を共有する／フェーズ4 あるべき姿をイメージする／フェーズ5 部門間の対話／フェーズ6 課題を整理する／フェーズ7 施策のアイデアを出す／フェーズ8 施策案を絞り込む／フェーズ9 アクションプランの設定／フェーズ10 マネジャー会議で意思決定／フェーズ11 振り返り

広がる職場、多様化するチーム 224

多様性を活かすクロスカルチャー・チーム／高コンテクスト文化と低コンテクスト文化／背後にある問題の真因に迫る／エクスターナル・チームで知恵を集める

おわりに
危機を乗り越えるために必要なこと 233

はじめに

「困った職場」から抜け出せ！

Introduction

「会議は上司の一方的な演説と叱責の場。ゲキは飛ばされるものの、何をすればいいか、参加者のほとんどが分からない」
「生産性の向上を目指して、目標や方針は上から降りてくるものの、実行の責任者や遂行プロセスが決まらず、『誰かがやるだろう』と他人事になってしまう」
「仕事の連絡や指示がすべてメールで行われる。どう進めればいいか分からず、職場のメンバーに相談しようにも、皆自分の仕事で手一杯のようで、結局一人で抱え込んで悩んでしまう」

こんな「困った職場」、あなたの周囲にはありませんか。もしかしたら、まさにこの瞬間、こうした職場にいて悩みを抱えていらっしゃる方もいるかもしれません。

私たち、ピープルフォーカス・コンサルティングは、ファシリテーションというスキルを中核に、これまで様々な「困った職場」の改善、改革を支援してきました。ファシリテーションの定義については、後ほど詳しく説明しますが、やや乱暴に一言で表現するなら「話し合う技術」と呼べるでしょう。

「いまさら話し合いの技術を学ぶ必要があるの？」と思われるかもしれません。しかし、職場における問題の多くがコミュニケーションに起因していることは間違いありません。実際、「言ったつもり」のことが相手に伝わっていなかったり、「聞いたつもり」だったのに、真意を理解できていなかったりといった小さな行き違いも、積もり積もると、職場の生産性に大きな影響を与えるようになるのです。

冒頭に挙げた「高圧的な上司」のような問題は、その人のパーソナリティに起因したものとみなされがちですが、実は部下の側が「聞き方」を変えたり、会議の運営を工夫したりすることで改善できる余地が大いにあります。「どうしたらうまく伝えられるか／聞けるか」というコミュニケーションの原則を職場で共有し、それが実現するように話し合いのルールを決めたり、それを改善したりすることは、より効果的で生産性の高い職場作りに欠かせないのです。

この本では、そうした話し合いの技術について解説していきますが、その前にまず、冒頭に挙げたような職場がなぜ「困る」のかをあらためて考えてみましょう。

まず何よりも大きな問題は、生産性に悪影響が及ぼされることです。

コミュニケーションが円滑でなければ、作業の抜け・漏れや重複、手戻りなどが生じます。日本企業の職場を見た外国人は、特に会議の生産性の低さに驚きを隠しません。モノ作りの現場では効率性を極めてきた日本企業ですが、ホワイトカラーの生産性については、他国に比べて圧倒的に見劣りしています。

二点目に、コミュニケーションに問題がある職場は、イノベーションを阻害します。イノベーションは、自由な風土の中で、異質なもの同士が触れ合って生まれるものです。様々な考え方をもった人たちが、健全な方法で意見やアイデアをぶつけあうことが欠かせません。社内で様々な部署や階層、年齢層などの間で話し合うのはもちろんのこと、顧客企業やサプライヤー、提携相手などと協業することもますます大事になります。職場内でさえ生産的なコミュニケーションがとれない人材は、顧客や他社、ひいては他国の人たちと効果的に話し合うことはできないでしょう。

三点目は、「若手社員が育たず、会社がいやになって辞めてしまう」という問題です。人事コンサルティング会社アルーが二〇〇八年七月に、同年四月に入社した新入社員を対象に実施した調査では、新入社員を育成するＯＪＴトレーナーに対して「忙しすぎて話す時間がない」と感じている割合が五割を超えていました。昭和育ちの先輩たちは「若者はメールばかりで面と向かってのコミュニケーションをとりたがらない」と嘆きますが、平成育ちの若者も決して人とのつながりや支え合いを欲していないわけでありません。むしろ、物質的欲求をもたない彼らは、人とのつながりを最も大切に考えているのです。コミュニケーションを改善し、今後の日本企業では「希少価値」となる若手社員がのびのびと活躍できる環境を与えることが、活力ある企業の実現に結びつくのです。

最後に、メンタルヘルスの観点から考えてみましょう。

メンタルな問題が生まれる原因は、恒常的な過重労働とそれによって余儀なくされる長時間労働といわれていますが、根本的な原因はむしろやりがいの欠如や、仕事のプロセスが非効率なことに起因する徒労感にあります。業績の長期低迷が見込まれる現在、自分の将来に悲観することなども、心の健康に大きな影響を及ぼします。

しかし、非常に厳しい状況の中でも社員が助け合い、声を掛け合っている職場であれば、メンタルの問題は生じにくいものです。財団法人社会経済生産性本部（現・日本生産性本部）メンタル・ヘルス研究所が二〇〇八年夏に実施した調査によると、「組織・職場とのつながりを感じにくくなってきている」という企業では、「心の病」が増加した割合が六四％であるのに対し、そうでない企業ではその割合は四四％にとどまっているのです。

「話し合う技術」には、私たちが一九九〇年代から手がけている「ファシリテーション」をはじめ、二十一世紀になってから注目を集めている「チーム」の考え方、あるいは変革を実現するためのコミュニケーションやプロセスのあり方の工夫など、様々な要素があります。

本書ではまず第1章で「話し合い」の前提となるチームとファシリテーションという概念について説明したあと、第2章～第5章では七つの事例を挙げながら、会議のファシリテーション（会議での話し合いの技術）、変革ファシリテーション（変革を実現するための話し合いの技術）、チームファシリテーション（チームをハイパフォーマンス・チームにするための話し合いの技術）、経営陣が作るリーダーシップチームについて触れていきます。

そして第6章では、様々な話し合いの技術を駆使したA社での事例を紹介し、最終章ではこれからの職場に台頭してくるチームと今後への展望を述べています。

本書でご紹介する様々な事例やスキルを通して、皆さんの会社が「困った職場」を脱却し、健全で強固な職場へと生まれ変わる一助となれば幸いです。

第1章

チーム作りとファシリテーション

Chapter.01

組織をチームの集合体として見る

話し合いの技術を学ぶ前に、職場のチームワークについて、ぜひ考えてみてください。職場を良いチームにしようという考えが前提としてなければ、テクニックだけをいくら駆使しても、本質的な変化は生まれません。

私たちは、「組織をチームの集合体として見る」ことを提唱しています。そもそも今なぜチームなのでしょうか。

日本企業は、かつては社員が組織に順応し、組織の仕組みに乗っかって仕事をすることで、成果を上げてきました。しかしそれでは市場のスピードに変化が追いつかないという問題が生じたため、ここ十年間は、社員個々の能力や個性を際立たせるために、成果主義が取り入れられるようになりました。ところが、今度は、それが組織の健全性や職場のコミュニケーションに弊害をもたらしたため、チームの成果に評価の重きを置くよう修正する企業が増えてきました。つまり、組織から個人へ、そして個人からチームへという潮流が見られます。

業務が複雑化する今日、仕事は一人でできるものではないことは明らかです。一方、組織の仕組みが変わるのを待っていては市場の変化に取り残されてしまいます。したがって、今日の状況に最も適しているのは、チームという単位としての動き、そして個々人がチームの中で最大の貢献をしようとする意識であると考えられます。さらに、課題が生じたら、すぐにチームを立ち上げるような流動性をもった組織こそが、生き残ることでしょう。

第4章で詳しくお話ししますが、自分が所属している部署をチームとしてとらえることも大事です。各部署がチーム（常設チーム）としてまとまり、また部署単位で解決できない課題に対しては、特設チームを立ち上げて取り組むといった状況が常態化しているのが、「チームの集合体として組織が運営されている」ことだといえます。

「機能不全チーム」の問題

もっとも最近は、組織名に「チーム」を付けたり、チームビルディングと称して職場の一体感を高める活動を取り入れる例が増えてきました。読者の皆さんも、「もちろん自分だってチームに所属しているよ」と感じているかもしれません。

こうしたあなたの「チーム」は期待する成果を生んでいるでしょうか。もしそうでない場合には、具体的な問題や解決策からいったん離れて、自分と「協働」する人たちの集合体であるチームそのものの状態に目を向けてみてください。左にリストアップした「チーム機能不全の兆候」の項目に、当てはまる状態はないでしょうか。二、三個でも当てはまるものがあるようだと、あなたのチームは、チームとしての力を十分に出し切れていないはずです。

では、チームとして機能しているとは、具体的にどういう姿をいうのでしょうか。複数の人が集まったらチームができるという見方もできそうですが、同じような言葉に「グループ」というのもあります。私たちはチームとグループは別物だと考えています。グループとは人が単に集まった状態を指し、その成果は一人ひとりの貢献を足し上げたもの。それ以上でも以下でもありません。

グループとチームの差とは

これに対し、メンバーの相乗効果で付加的な成果を生み出している状態がチームで

チーム機能不全の兆候

- ☐ 自分の仕事には責任を持つが、それ以外は「我関せず」のメンバーがいる
- ☐ リーダーがリーダーシップを発揮できていない
- ☐ 出身母体、年齢、性別などによる派閥が存在する
- ☐ メンバー同士のコミュニケーションがあまりない
- ☐ メンバー同士の競争が激しく、足をひっぱりかねない雰囲気である
- ☐ ほかのメンバーが何をしているのか、お互いに把握していない
- ☐ お互いのことを気遣いすぎるあまり、マイナスの点に触れようとしない
- ☐ チームの目標が明確でない、または納得していない
- ☐ チームの目標達成のために取り組むべき課題が明確ではない
- ☐ チームのミーティングで発言する人が決まっている
- ☐ リーダーが孤立無援になっている

す。経営コンサルタントで『「高業績チーム」の知恵――企業を革新する自己実現型組織』（ダイヤモンド社）などの著書があるジョン・カッツェンバック氏の定義によれば、チームとは「ある特定の目的のために多様な人材が集まり、協働を通じて、相乗効果を生み出す少人数の集合体」です。集まった人たちが相乗効果をもたらせば、チームの成果はメンバー一人ひとりの貢献を足したものより、通常は大きくなるはずです。逆に相乗効果が発揮できなかった場合には、小さくなることもあり得ます。

例えば野球のチームを見ても、四番打者級の選手が集まったチームが常勝するとは限りません。打撃の良い選手、足が速い選手、犠打が得意な選手などがうまく連携できるチームは相乗効果を発揮できるのです。二〇〇九年のワールドベースボール・クラシックにおける日本チームの活躍は、まさにチームの神髄を見せてくれたように思います。

チームは最初から存在するわけではありません。個人の集合体であるグループから、相乗効果を生み出すチームになるには進化が必要です。その進化を意図的に作り出すのが「チームビルディング」と呼ばれるプロセスであり、ここで重要な役割を果たすのが、ファシリテーションの意識とスキルです。ファシリテーションを活用して、ベクトルを合わせ、人間関係をより強固で健全にしていくことが、強いチーム作りに大きく貢献します。優れたファシリテーターは、単なるグループをチームに変えていけるのです。

「三つの要素」でチームを進化させる

では職場のチームでメンバー間の相乗効果を高め、大きな成果を生むように進化させていくには、何が必要なのでしょうか。私たちは「ベクトル」「プロセス」「ヒューマン」というフレームワークでレビューすることを提唱しています。ベクトルとは、チームメンバーが同じ方向を向いていくために、目標や方針を定めて共有することを指します。プロセスとは、仕事の手順や役割分担などを共有すること。最後のヒューマンは、成果実現に必要な能力を持ったメンバーを集め、一人ひとりが能力を発揮していくことです。航海する船に例えると、「この船はどこに向かうのか」がベクトル、「どのような進路を取るのか」がプロセス、「その船に誰が乗り、どんな能力を発揮して船の進行に貢献するか」がヒューマンになるわけです。

どの要素を強化すべきか

まずベクトルについて考えてみましょう。ベクトルは目標や方針を定めて共有することだと説明しましたが、ベクトルが合っていない時に、よく見られるのが次の現象のうちのいずれかです。

・**目標があいまい**…例えば「成長！」というスローガンがあっても、具体的にいつまでにどのくらいの成長を目指すのかが明示されていなくては、指針になりません。

・**目標があっても方針はない**…とはいえ「三年間で倍増！」という目標を掲げただけでは、不十分です。何をてこに倍増するのか、という方針を伴わせる必要があります。

・**目標と方針の伝達不十分**…年度の始まりに一度言ったきりでは、メンバーの記憶に残りません。繰り返しリマインドする必要があります。

チームの3要素

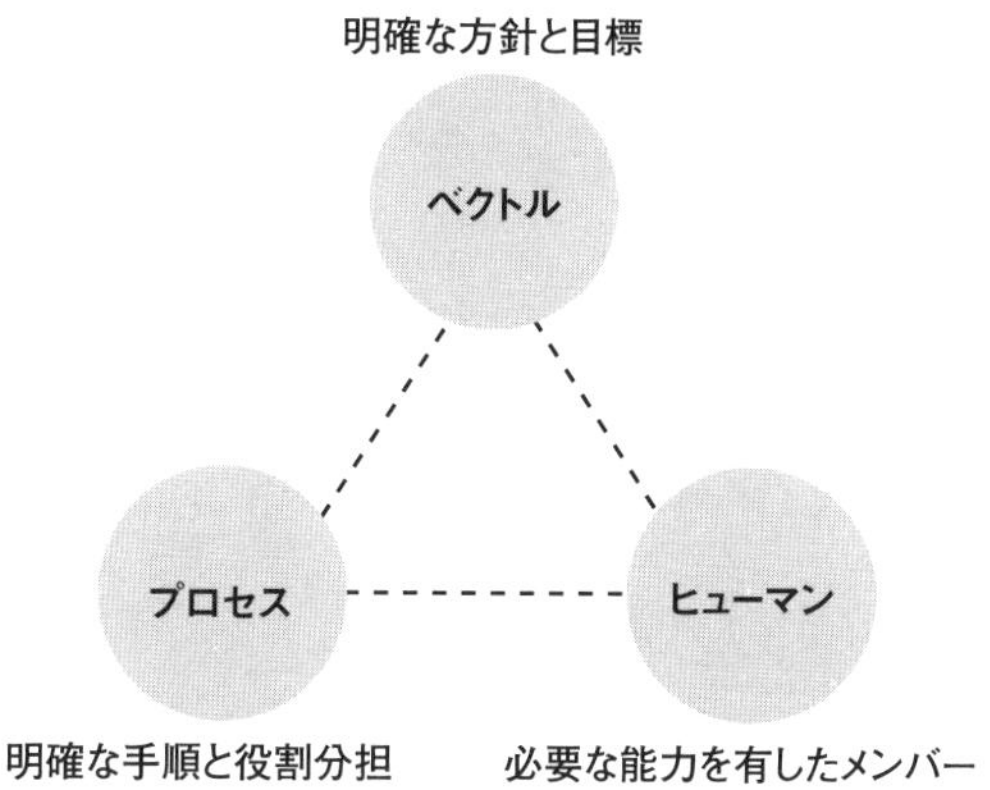

・**目標と方針の伝達が一方通行**…ここが一番よく見受けられる落とし穴です。メンバーたちが、チームの目標や方針についてどう考えているのかを聞かなければ、どれほど浸透したかも、納得しているのかも分かりません。メンバーそれぞれが内心では「本当にその目標でいいのか」とか「目標に到達できるとはとても思えない」とばらばらな思いを抱えているようでは、達成への推進力は生まれにくいものです。

その落とし穴回避のために、ファシリテーションが有効です。あるチームでは、「グループウェアの導入により生産性を倍増する」という目標と方針が掲げられました。それを聞いたメンバーは、当初、「倍増なんて無理」「なぜそこまでやる必要があるのか」「なぜグループウェアを使わなくてはならないのか」といった否定的な反応を示しました。リーダーは、そうしたメンバーの疑問一つひとつに答えると同時に、メンバー自身にも考えさせたり、議論させたりしました。そのような話し合いを重ねると、やがてメンバーたちも、日常的に、「こんなグループウェアはどうか」とか「こうしたら生産性が上がるのではないか」という意見を出すようになり、いつの間にかメンバーが目標を自分のものとして消化するに至ったのです。

次に、プロセス、つまり業務の進め方や役割分担ですが、プロセスが共有されず、各自の裁量で仕事を進めていると、重複や漏れが発生して効率が落ちてしまいます。あるいは、進め方そのものをどうするかでメンバー同士がもめて、一向に進まないというケースも見受けられます。チームとして、活用すべき課題解決手法を共有し、基本的なPDCAサイクルをきちんと決め、各メンバーの役割を明確にすると、チームの効率も向上するし、何よりもメンバーが安心感を持って、仕事に臨めるようになるのです。

ヒューマンは、必要なスキルや能力を持つメンバーでチームが構成されているかどうかということです。もしチームリーダーに人事権があれば、適切な人材を集めることができるかもしれませんが、大方の場合、そううまくいきません。与えられたリソースの中でやりくりしなくてはいけないのが現実でしょう。ですから、三つの要素というのは本来関連付けて考えなくてはなりません。メンバーの能力（潜在能力も含めて）を見極めたうえで、適切な目標は何か、どのくらい詳細に進め方を規定すべきか、役割分担はどうあるべきか、ということを考察します。

適材適所が大切であることは言うまでもありませんが、メンバーの能力を見極めようとするとき、人間は自分を基準に一つの物差しで判断しがちです。それでは、せっかくのメンバーの多様性を生かすことができません。人の多彩な才能を見出すために、心理学や応用科学のツールを活用するのは、一つの有効な手段です。アセスメントを行うことによって、様々な人の思考特性や行動特性を明らかにすることができるのです。

ファシリテーションでチーム力を強化する

ベクトル、プロセス、ヒューマンの三要素のうち、どこに課題があるのか、どうすればチームがもっと有効になるのか、リーダー一人で悩まず、ぜひチームメンバーも交えて、話し合ってみてください。リーダーの死角となっている課題が明らかになったり、リーダーが思いつかないようなアイデアをメンバーが提供してくれることが期待できます。

もっとも、単にメンバーを集めて「意見はありませんか」と聞いたところで、有意義な話し合いができる可能性は極めて低いでしょう。全く意見が出ないか、特定の人が集中的に意見を出すといったところが関の山です。

こうした場で有効に働くのが、ファシリテーションの考え方とスキルなのです。例えばチームの目標や方針を説明した後に、「この目標を達成するうえで障害になるのは何だと思いますか」「目標について違和感を覚える点はありませんか」といった質問をファシリテーターが出して、メンバーから意見を引き出していくのです。上司やベテラン社員の意見が強く、言いたいことも言えない雰囲気がまん延している職場であれば、いきなり意見を言ってもらうのは難しいものです。発言を促すために話し合いのルールを設定したり、まず無記名で付せん紙に意見を書かせたうえで議論に入ったりといった工夫が必要です。

ハイパフォーマンス・チームに進化する

こうしてグループからチームへの進化を遂げ、個人の能力の総和を超えた成果を生み出すようになると、次の目標は、その成果に継続性を持たせながら、より発展させることになります。これを実現した状態が「ハイパフォーマンス・チーム（高業績チーム）」です。メンバーがそれぞれ高い目的達成意欲を持ち、互いに信頼し合いながら業務を進めます。自分の個人的な成長とともに、ほかのメンバーの成長も心から望み、サポートし合うことで相乗効果を生み続けていくのです。

やや美辞麗句に過ぎる感じもしますが、スポーツのチームなどに当てはめると分かりやすいのではないでしょうか。例えば高校野球の甲子園大会で優勝するチームは、メンバーが甲子園で優勝するという明確な目標を共有し、勝ち上がっていくうちに自信とさらなるモチベーションが芽生え、互いの協力関係も強固になっていくのが傍目からも分かるケースが多々あります。サヨナラ逆転打や超ファインプレーなどの超越したプレーが生み出されるのは、個人の技量もさることながら、こうしたハイパフォーマンス・チームが生み出すシナジー効果も大きく影響しているのです。

内面に目を向け、深い理解を促進する

ハイパフォーマンス・チームを作るうえでも、ベクトル、プロセス、ヒューマンの三要素が重要であることは変わりません。ただし、先ほど説明したチームの状態がさらに質的に上の次元に発展する必要があります。

ベクトルの点では、ハイパフォーマンス・チームでは、業務上の目標にとどまらず、チームのビジョン（将来像）やバリュー（価値観）を共有しています。ビジョンが真に共有されるとは、メンバーがビジョンを文章として理解するのではなく、将来像、つまり目標が達成された時のチームの姿が具体的に目に浮かんでくるということです。この状態になると、各メンバーの脳内にアドレナリンが分泌され、ビジョンに向かうエネルギーが自然に醸成されていくのです。

例えば、あなたがマラソン選手で、大会優勝という目標を掲げていたとします。スタジアムの大歓声の中で万歳をしながらテープを切る自分の姿をイメージしてみると、ど

チームからハイパフォーマンス・チームに

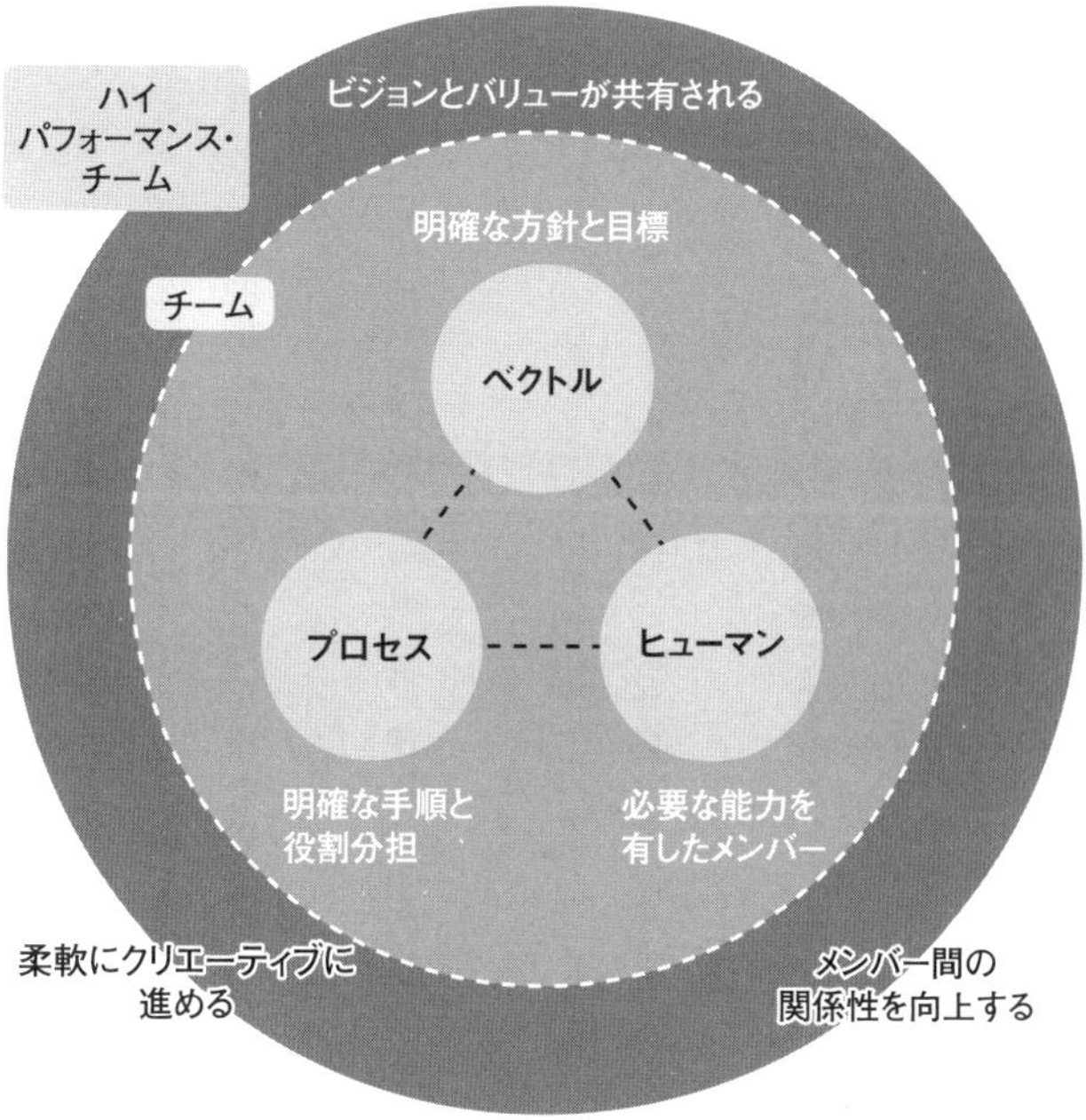

©ピープルフォーカス・コンサルティング

うでしょう。力がわいてきませんか？

また、メンバーそれぞれの価値観と結びついたチームの規範が明文化されていると効果的です。価値観とは、大事にしていることは何かということです。チームのメンバーはそれぞれが何らかのバリューを有しているはずです。それを互いに共有し尊重し合いながら、チームのビジョンを実現するために、どのような規範を有するべきかを定めるのです。たとえば、「助け合いの精神」とか「顧客目線で考える」とか「本質の追求」などといったものです。こうした価値観は行動や思考、判断の際の基準となり、チームの力を高めるのです。

ファシリテーションによって、皆でビジョンを描いたり、チームメンバー各人のバリューやその共通点を洗い出したりすることで、より高い次元でベクトルが合う効果が期待できるのです。

プロセスでは、仕事の進め方や役割分担を明確にすることにとどまらず、より柔軟に対応することが、ハイパフォーマンス・チームでは必要になってきます。具体的には、メンバーが規定された役割を超えて動いたり、いつもとは違う進め方をしてみることで、革新的アイデアの創出を促進したりということが挙げられます。

このような柔軟なプロセスを有しているチームでは、メンバーが互いの領域に良い意

ビジョンとバリューを共有する

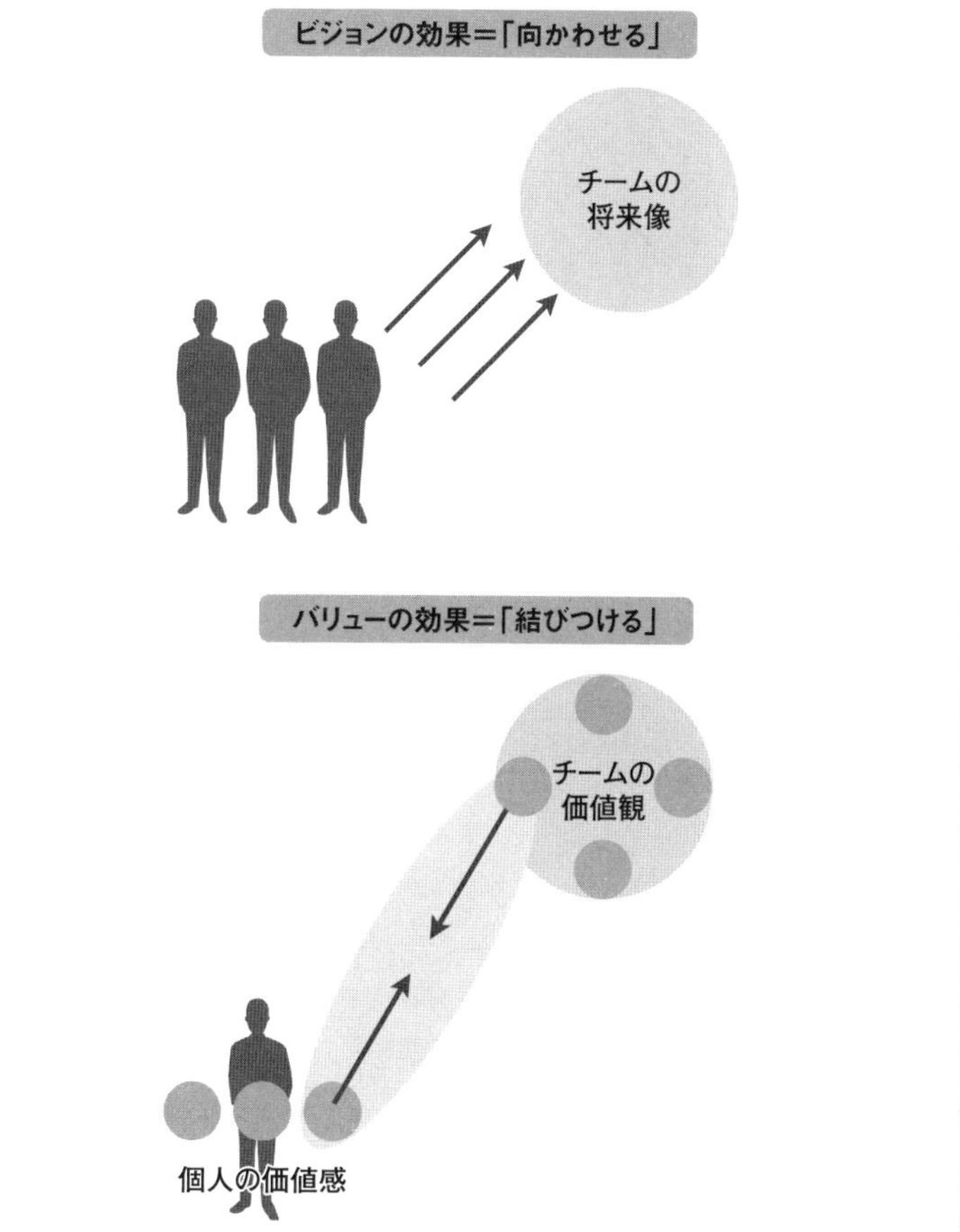

味で口を出したり、首を突っ込んだりしています。あるときは、お互いのアイデアや行動を賞賛し合い、あるときは、対立を恐れずに侃々諤々と議論しています。

ファシリテーションのポイントとしても、話し合いを効率的に進めることばかりを考えるのではなく、議論を発散させたり、挑発してみたりというさらなる工夫が必要になってきます。

ヒューマンでは個々の能力やスキルだけに目を向けるのではなく、「メンバー間の関係性」の向上を図っていくことが必要になります。メンバー同士が互いを知り合い、密接にかかわることの意義を理解し合うことで、メンバーの個性や考え方の違いを力に変える関係性を構築するのです。そして助け合い、フィードバックなどを通じて切磋琢磨しながら、常にシナジー効果を出せるようにするために働きかけていくのです。

この域まで達したチームは、一見、だれがリーダーだか分からないように見えるかもしれません。それは、各メンバーが、チームの成功のためにリーダーシップを発揮している証です。ファシリテーションを行う人も、リーダーとは限りません。コミュニケーションの必要性を感じたメンバーが、自ら他のメンバーに声をかけ、話し合いの場を設けることでしょう。

「ファシリテーション」の本質とは

今まで何回か「ファシリテーション」という言葉が出てきましたが、読者の皆さんは「ファシリテーション」という言葉を耳にしたことがあるでしょうか。

特定非営利活動法人日本ファシリテーション協会が二〇〇八年四月に実施した調査によると、八六％の人が「ファシリテーション」という言葉の意味をほとんど知らず、ファシリテーションを実際に使っているという人は四％に過ぎませんでしたが、最近は、企業の会議やミーティングにファシリテーターを配置する例も見受けられるようになりました。このような場でメンバーの意見を促しながら、視点を変えて討論を深めたり、意見をうまく整理したりする役目を担うのがファシリテーターなのです。

例えばシステム開発のプロジェクトで、発注側、受注側双方の企業がシステムの要件を決めたりする場合には、立場の異なる参加者の意見をすり合わせ、うまく合意を形成するためにファシリテーターが参加する例があります。企業内で部門を横断する業務改革プロジェクトを走らせる場合もしかりです。ファシリテーター役は、私たちのようなプロのコンサルタントが務める場合もあれば、会議参加者の一人が担当する場合もあります。別の部署の社員が、第三者的な立場でファシリテーターとして参加することもあります。

側面から支援する

「ファシリテーション＝会議進行術」と思われがちですが、言葉の原義はもっと幅広いものです。英和辞書を引いてみると、facilitateは「容易にする」「促進・助成する」などと訳されています。facilitatorは「容易にする人」。これだけでは何やら抽象的で分かりづらいのですが、メリアム・ウエブスター社の辞書ではfacilitatorをもう少し具体的に記載していてなかなか興味深いのです。

左のページで英文を引用しましたが、「押し付けがましくない間接的な援助、指導、監督を行うことで、ある結果（学習、生産性、あるいはコミュニケーションにおいての）をもたらすよう支援する人」という定義です。これは具体的で実に本質を突いているものだと感じます。企業活動でいえば、会議に限らず、チーム・組織の運営やプロ

Facilitatorの定義（メリアム・ウェブスター社の辞書による）

"one that helps to bring about an outcome (as learning, productivity, or communication) by providing indirect or unobtrusive assistance, guidance, or supervision"

ファシリテーションは組織内の様々な局面で活用できる

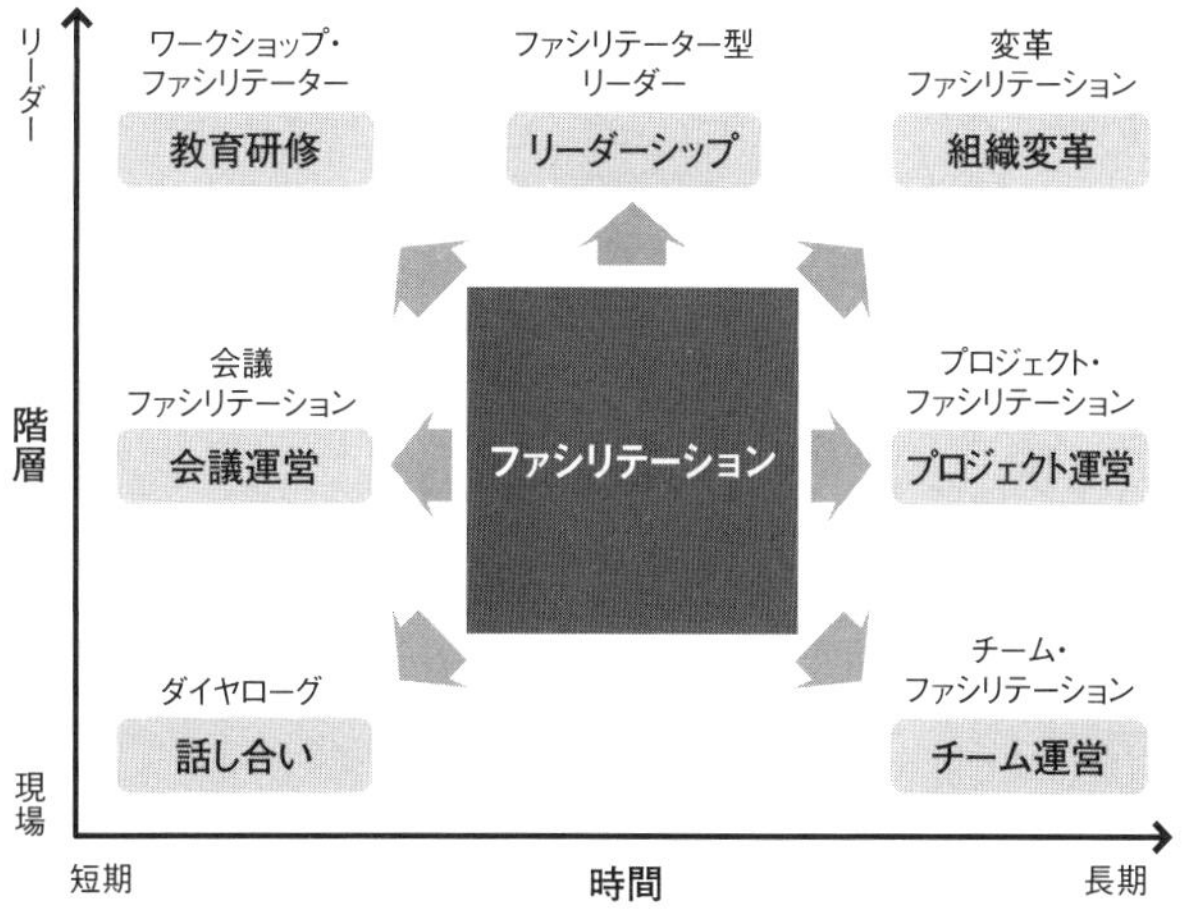

©ピープルフォーカス・コンサルティング

ジェクトの推進など様々な活動の進行や成果の創出を、当事者ではなくあくまでも側面から支援するのがファシリテーターといえるでしょう。

「文殊の知恵」を出し合う職場、出せない職場

会議のファシリテーターは、進行役や仕切り役として、参加メンバーの議論を促進し、合意を形成して結論が出るように支援していきます。ただし、ファシリテーターの役割は会議だけにとどまりません。日常の仕事でのチーム運営やプロジェクトの推進、さらには業務の抜本的見直しといった大掛かりな変革を遂行するうえでも、側面支援が必要になってきています。

例えば日常の仕事を考えてみましょう。係や課、チームなどの組織で、仕事の「中身」を最もよく分かっているのは誰でしょうか。もちろんマネジャーが一番詳しいというケースもあるでしょうが、多くの場合はそれぞれの実務の担当者が最も多くの知識やスキルを持っているのではないでしょうか。たとえリーダーがその業務に極めて詳しい知識を持っていたとしても、顧客の嗜好も社会の変化もどんどん移り変わる環境では、マネジャーの成功パターンを踏襲するより、日々現場で顧客と接する部下の考えを優先

したほうがいい場合もあるはずです。

こうした場合、リーダーに求められる役割は、仕事の詳細を部下に逐一指示するのではなく、全体の方向性を打ち出したうえで、部下が壁に突き当たったときに助言したり、部下同士、もしくはほかのチームとの情報共有を促したりすることになります。これが側面支援なのです。「三人寄れば文殊の知恵」の教えのごとく、多くのメンバーを集め、議論させ、解を創発させるよう側面から支援できるリーダーは、日常業務の運営において、ファシリテーション型リーダーシップを発揮しているのです。

プロジェクトの瓦解を食い止める

もう一つの例として、業務改革など部門横断で行うプロジェクトを考えてみます。三カ月、半年といった長期にわたって、様々な部署からメンバーを集めて進めるプロジェクトでは、ともすると、メンバーが自分の部門の都合を優先しようとしたり、ほかのメンバーと意見が対立したりします。そもそものプロジェクトの意義が理解できずやる気が出なかったり、自分の所属する部署での仕事、つまり本業との両立に困ったりするメンバーも出るかもしれません。

こうした時に変革のファシリテーションが有効です。プロジェクトを遂行するのはあくまでもメンバーですが、彼らが力を出し切るためには、メンバー間のコミュニケーションを円滑にしたり、プロジェクトの意義を十分納得させて「腹に落ちた」状態にしたり、所属部署との調整を行ったりといった側面支援が必要です。こうした機能を担うのが変革ファシリテーターであり、プロジェクトのリーダーが担うケースもあれば、社内外のメンバーがその役割を果たすケースもあります。

経営者が変革を志向し、目標や方針を掲げても、現場の社員が動かなければ実効性のあるものにはなりません。社員が動き出すのは、その一人ひとりが、自ら「変わる」という選択をした時です。だから変革のリーダーには、社員が自らの意識を変えられるよう、ファシリテートすることが求められるのです。

ファシリテーターの四つの役割

「ファシリテート」の本質的な意味を頭に入れたうえで、ファシリテーターの具体的な役割についてみていきましょう。私たちはファシリテーターの役割を「中立的な立場で、プロセスを管理し、チームワークを醸成しながら、チームの成果を最大化するよう

ファシリテーターの4つの役割

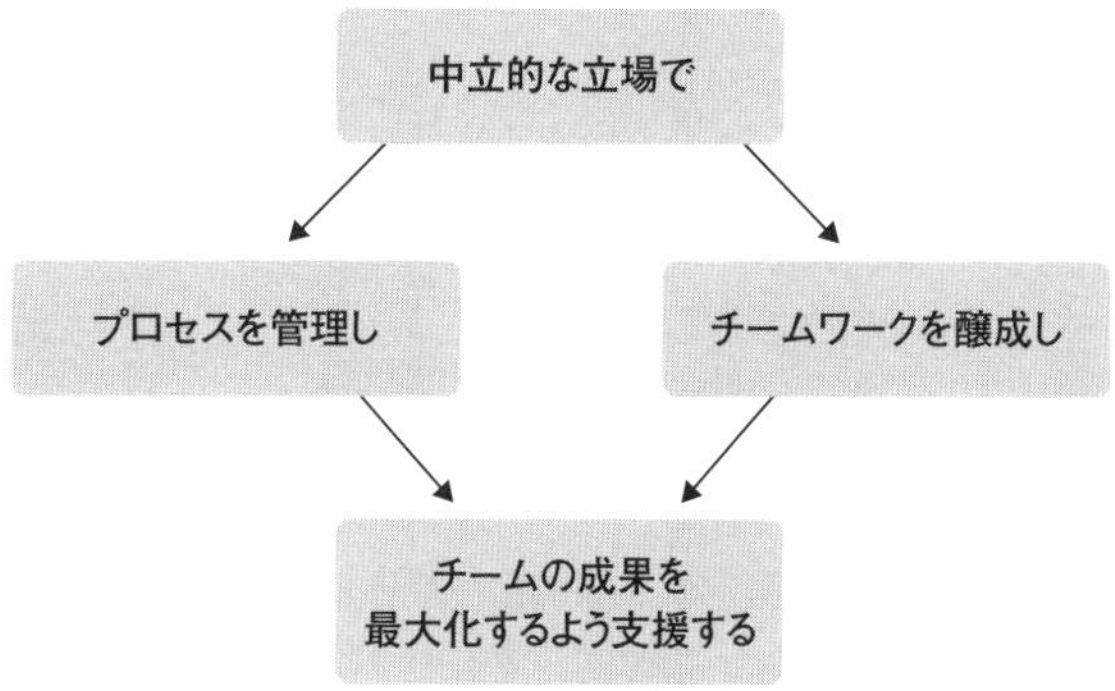
中立的な立場で
プロセスを管理し
チームワークを醸成し
チームの成果を最大化するよう支援する

支援する人」と定義しています。話し合いの場において、これらの役割をどう実践したらよいのか解説していきます。

役割その1 中立的な立場になる

ファシリテーターは、中立的な立場を保ち、客観的な視点で、その場のメンバーや議論と接する必要があります。例えば、Aということを主張する人と、Bということを主張する人がいるとします。ファシリテーターは、どちらかの意見に肩入れしてはいけません。ファシリテーターが「私はA（あるいはB）がよいと思う」と自分の考えをメンバーに伝えては、役割を逸脱することになるのです。ファシリテーターがなすべきは「合意形成に向けて、議論をし尽くさせる」ことにあります。

参加者が全員Aに傾注し、議論が偏る場合もあるでしょう。そうした場合に、「では結論はAですね」とまとめてしまうのも、実は中立性を全うしているとはいえないのです。中立とは、物事を俯瞰して考察するということなのです。「Bも検討してみてはどうでしょう」と進言しなければ、「議論をし尽くさせる」ことはできません。

こういう話を企業のマネジャーにすると、「では自分はファシリテーターにはなれない。会社では中立的な立場になり得ないから」と言われることがあります。所属する部署の代表として、その利益を代弁しなくてはいけないから、というわけです。一見、もっともな言い分に聞こえますが、これは自部署の利益という部分最適に固執して、企業の全体最適を放棄していることにほかなりません。経営者がこんなせりふを聞いたらさぞかしがっかりすることでしょう。ファシリテーターを務めるという経験を通じて、ぜひ全体最適の視点を持ってほしいものです。

役割その2 プロセスを管理する

プロセスとは、物事の進め方や手順を指します。ファシリテーターは、会議やプロ

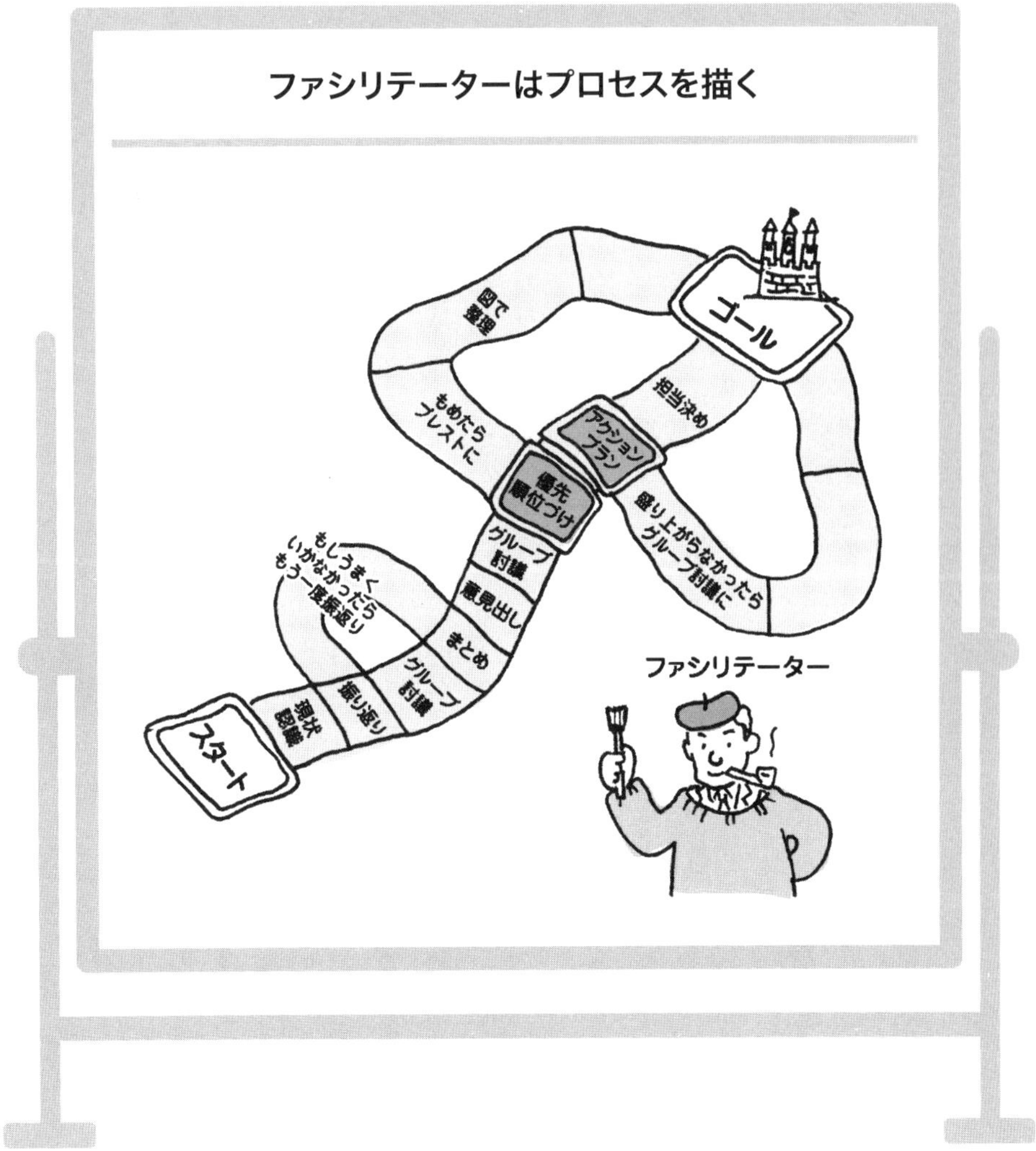
ファシリテーターはプロセスを描く
スタート
現状認識
振り返り
グループ討議
まとめ
意見出し
グループ討議
もしうまくいかなかったらもう一度振返り
優先順位づけ
もめたらブレストに
図で整理
アクションプラン
盛り上がらなかったらグループ討議に
担当決め
ゴール
ファシリテーター

ジェクト組織活動の前に、どんな段取りで進めるのかというプロセスを設計します。会議の場合は、アジェンダ（議事進行表）を作って、議論のトピックを羅列し、話し合いの進め方を計画するのが一般的です。

会議ではこのアジェンダを参加者に見せて、どのような手順で話し合いを進めていくかを理解してもらいます。ただし、ファシリテーターの手元には、もう少し詳細なアジェンダを準備しておいたほうがよいでしょう。例えば、「ある問題の解決策を策定する」のが会議の求める成果であるとすれば、「問題解決までのロジック展開はどうあるべきか」「その問題を深く分析するにはどのようなツールが適しているか」「解決策を創出するにはどんな議論の手法が適しているか」などについても考え、アジェンダに盛り込んでおいたほうがよいでしょう。会議が始まったら、そのアジェンダに定められたロジックと時間配分に基づいて、意見を整理するためのツールなどを活用しながら議論を進めていきます。それによって、無法地帯のような議論が整理され、秩序立ったものとなっていくのです。

とはいえ、いくら事前に入念に準備していても、会議の本番になった時、想定外のことが起こります。新たな事実が発覚したり、思いもかけぬ意見が出たりすることも少なくありません。逆に、すべてが想定通りに進むような会議は、形式的で儀礼的なものに過ぎないとも言えるのですが。想定外の事象が起こった場合には、ファシリテーターは臨機応変にプロセスを組み立て直しながら進めなくてはなりません。プロセスを管理するという役割を果たすためには、瞬発的にロジックを再構築するという高度な思考能力が求められるわけです。会議はもちろん、改革プロジェクトなどの組織活動においても、こうした能力は大きな効果を発揮するはずです。

役割その3 チームワークを醸成する

議論のロジックを冷静に切り分ける一方で、ファシリテーターはメンバー同士の関係性を改善し、メンバー同士が互いに補完し合ったり、支援し合ったり、刺激し合ったりするように促していきます。こうしてチームワークを醸成することによって、メンバー個々の実力の総和以上に大きな成果を生み出すことが可能となります。

参加者がお互いの意見に対し真摯に耳を傾けることを促し、「下っ端だから」とか「部外者だから」などと引け目を感じて、発言を遠慮している参加者が出ないよう配慮します。チームワークが機能していない時は、何がその障害となっているかを把握し、何らかの手を打ちます。障害には「会議で独演会をしている特定人物がいる」といった、明らかなものもありますが、はっきりと分かりにくい兆候もあります。どうも冷めている様子の人がいたり、誰かのふとした発言で場が凍りついたり、当人たちも自覚していないような社内政治力学が働いていたりといった具合です。

コミュニケーション理論では、人の感情は、言語よりも非言語で表現されている割合が多いといわれます。参加者の声の抑揚、しぐさ、表情といったことから読み取れるものが多く、いまどきの言葉でいえば、「空気を読む」スキルであり、専門的な言葉でいえば、ＥＱ（心の知能指数）が必要であるということでしょう。

ただしファシリテーターが頑張り過ぎると、すべての会話がファシリテーター対メンバーになってしまうこともあります。促進したいのはあくまでもメンバー同士の議論や作業です。ファシリテーターはあえて控えめになって、適切なタイミングで、最低限の介入を行います。

役割その4　成果が最大化するように支援する

ファシリテーターの最終的な役割は、会議やチーム活動などの成果を最大化することです。そのためには次の二点に留意する必要があります。

一つは、目標からぶれないようにすることです。会議でも、プロジェクトなどでも、様々なメンバーの意見を引き出し、プロセスを組み立てていくなかで、迷走してしまうことがあるでしょう。そんな時は、目標は何であったかを思い出し、メンバーにもそれを再確認し、目標に対する成果が出るようエネルギーを集中させることが必要です。

もう一つは、真の成果は、戦略や改善案などを「策定すること」ではなく、その策を「実践・実行すること」で得られると認識することです。「ファシリテーションを会議に活用することで、斬新なアイデアや画期的な解決策が得られると期待していたのに、そうはならなかった」という不満を聞くことがあります。もちろん、画期的なアイデアの「創出」が目的であれば、それに適したファシリテーションのやり方もあります。一方、着実に実行することが重要な局面も少なくありません。そんな時、ファシリテーションの効果は、会議の結論が出た時ではなく、会議後の実行段階で実感できることでしょう。実行に最も必要なのは、それに携わる人々の当事者意識や納得感。策定プロセスに参画した人は、策の実行に対するコミットメントがはるかに高まり、実行段階で想定外のことが起きた時も、自分なりに考え、対処することができるはずです。

参加者が新奇性という面では満足していない戦略でも、実行策を話し合う過程で「こうすれば実現の確実性が高まる」「こうすれば競合より仕事の質を高めることができる」

「こんな脅威が発生したらこう対応しよう」など、様々な点から議論を深め、参加者全員がその戦略について十分に考え、消化した状態になっていれば、納得感は高まり、「よし、やろう」という意欲がわくことは十分期待できます。ファシリテーターは十分な議論ができるよう支援することで、参加者の意識をこの境地まで引き上げ、それによって成果を最大化するのです。

こうした定義を土台に、ファシリテーターに求められる十カ条をまとめてみました。

ファシリテーターに求められる十カ条

F	act	事実に忠実に議論させよ
A	sk	適切な質問で発言を引き出せ
C	onflict	対立を恐れず対処せよ
I	nterpersonal	人間関係のダイナミクスを見落とすな
L	ead	プロセスをリード、議論の中身はリードするな
I	ntervene	活動が停滞している時は介入せよ
T	ools	ツールを活用せよ
A	genda	アジェンダは必須。しかし当日は臨機応変に対応せよ
T	eam	チームとしての一体感を醸成せよ
E	nergize	チームにエネルギーを与えよ

第2章

「たたきつぶす」「一方通行」

～困った会議を変える

Chapter.02

会議には問題が山積み

困った職場を変えていくためには、話し合いの場である会議のやり方を変えていくことが欠かせません。そのために、ファシリテーションがどのように役立つかをみていきましょう。前述したとおり、ホワイトカラーの仕事に占める会議の割合が高いにもかかわらず、その生産性が低いという問題はよく指摘されるところです。

実際、月刊誌『日経情報ストラテジー』が二〇〇八年夏に、『日経ビジネス』のウェブサイト「日経ビジネスオンライン」で実施した会議の悩みについてのアンケートでは、「発言が出ない」ことを筆頭に「参加者の視点や認識がずれていて話がかみ合わない」「結論が出ても実行に移されない」など、回答者から様々な問題が挙げられました。

こうした会議の悩みを解決するために、「話し合う技術」であるファシリテーションをどのように活用できるのか。以下では、会議に問題を抱えた「困った職場」の改善に、私たちが携わった実例をもとに、ファシリテーションの活用法をみていきます。

会議の悩み

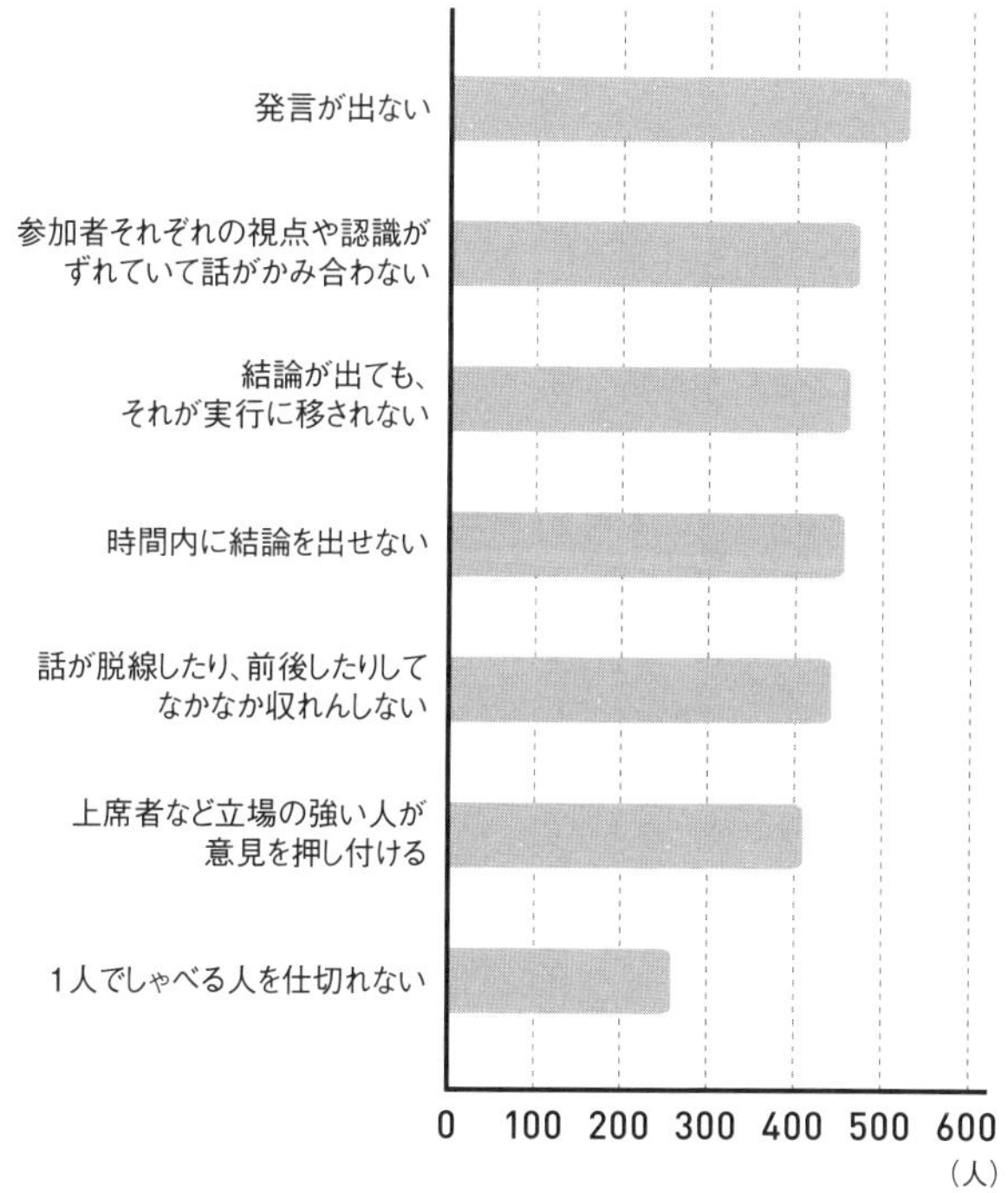

（「日経ビジネスオンライン」での調査結果）

困った職場症候群その1

建設的な意見出ず

「たたきつぶす」会議で終わる

システムソリューション業務を手がけるA社のB事業部では、担当者が作成する企画書や顧客向けの提案書をチームでレビューする会議を頻繁に開いている。たたき台となる企画書などをパソコンを使ってプロジェクターに映し出し、参加者が議論し修正を加えていく。担当者があらかじめたたき台を作って、メールで会議の参加者に配布し、参加者は内容に一通り目を通してから会議に参加することになっている。議論の過程で、企画書や提案書の内容をブラッシュアップして書き換え、会議が終わると改訂版が完成していることを目指す。

この通りに進めばいかにも効率が良い会議なのだが、実際はなかなかそうは運ばなかった。問題の原因と思われることは二つ。一つは参加者のほとんどが、

意見を出してもたたきつぶされてしまう

五十ページ以上にも上る提案書のたたき台を、会議の場に来て初めて目を通している。会議の前半は、たたき台を作ってきた人と、提案にかかわっているために内容を把握している一人か二人だけで討議が進み、ほかの人はたたき台を読み込むだけで精一杯の様子だ。

やがてほかの人から意見が出てきても、深く考える時間がないままにたたこうとするので、「この文章はおかしい」とか「このデータは信用できない」とか、ささいなことばかりをつつくことになる。いわゆるあら探しだ。

もう一つの原因は、議論によってたたき台をより良いものに発展させる、という共通認識がないことだ。たたき台を作る方にも問題があった。ベースとなる基本的な考え方の合意ができていない状態で、いきなりすべてを作って持ってきて通そうとすることが、効率性を阻んでいた。そして、より根深い問題は、たたき台の不備を詰めることが自分の役割とでも考えているかのようなベテラン社員の存在にあった。確かにたたき台に不備はあるし、看過するわけにはいかないが、それにしても会議では不備を詰められるばかりで、一向により良いものに発展しないし、ほかの部員のやる気も損なわれる一方だ。

たたき台の位置付けがあだに

ＩＴ企業らしく、パソコンやメールを駆使して、会議室の予約や会議開催通知の連絡などを円滑にできるように会議運営の整備が進んでいたこの企業。一見、会議準備のプロセスはしっかりしているようなのですが、実際に運用すると、様々な障害が生じてうまく機能していませんでした。

まず、せっかく資料を事前に参加者に配布しても、忙しくて誰も読んでこないまま会議が始まっていました。「資料を読んできている人以外は、会議に参加できない」というハードルを作ることもある程度有効ですが、資料を読んできた人だけで会議を行うことを徹底するのは現実的ではありません。この会社のファシリテーターたちには、「資料を読み込む」という時間を、会議のアジェンダの最初の方に設けることを勧めました。

そしてこのケースにおける一番の問題は、「たたき台の位置付け」にありました。会議に先立って、誰かが議論のベースとなるたたき台を用意することは、本来会議の効率向上に大いに寄与するはずです。

ところがA社の場合、たたき台は、それを元に皆でアイデアを積み重ね、より良いものを作るために存在するのではありませんでした。たたき台の時点で一分のすきも許されない完成されたものが求められ、不備があれば徹底的に追及される材料となっていました。従って、社内の会議の資料を作るために、担当者は、過剰すぎるほどのエネルギーをつぎ込んでいました。たたき台を提示する際には、「まるで法廷の被告席にいて、有罪宣告を受けるような気分」と表す人までいました。

意見の発散と集約のフェーズを分ける

このような状況を打破するうえで有効なのは、ファシリテーターが議論のフェーズを明確に二つに分けることです。最初のフェーズではたたき台を用意せずに、各参加者が企画のベースとなる基本的な考え方やコンセプトを持ち寄って自由に議論して、大きな方向性だけ決まればいいとします。この段階では、議論は発散させた方がよいと考え、たたき台を用意しないことがポイントです。

第二フェーズでは、第一フェーズの議論の流れを踏まえて、あらかじめ誰かが最終成果物のたたき台を用意します。前フェーズの議論を行っていることで、「そもそも企画の方向性が間違っている」といった手戻りを避けることができます。また参加者間で、

議論の発散フェーズと収束フェーズを分ける

いや、
こうするほうが
ここは
こうしたら
これは
いらないな
第二段階
あれもいい
これもいい
ぼくは
こう思う
こんな
見方もある
第一段階

そのテーマに関する根本的な理解が共有されているので、重箱の隅をつつくだけのような議論にはなりません。このフェーズではファシリテーターは、どのような発言も「たたき台をどのように変えるのか」という視点で問いただして、参加者にたたき台の加筆・修正を促し、議論を収束させていきます。大きな方向性の認識は一致している中でたたき台が作られ、さらなる議論によってたたき台を進化させていくというのが、あるべきたたき台の位置付けなのです。

このようにレビュー会議を二段階に明確に分けることによって、議論が効率化し、アウトプットの質が向上するだけでなく、参加者がレビュー会議に臨むモチベーションが向上するという副産物も得られるはずです。せっかく時間をかけてたたき台を作っても、こきおろされる一方で、前に進まないという徒労感を味わわなくて済むようになるのですから。

ルールを決め、常に立ち返る

こうした「たたきつぶす」会議のもう一つの問題として、ベテラン社員の発言回数が多く、彼らの意見だけで議論の流れが引っ張られてしまうことが挙げられます。こうし

会議ルールをメンバーに見やすいところに張り出す（日産自動車の例）

グラウンドルール

1. 予定外の議題を持ち出さない
2. ポジションパワーを使わない
（上司は部下に意見を押し付けない！
今日は役職でなく○○さんと呼び合いましょう）
3. 積極的に「聴く」「話す」「行動する」
4. 時間厳守
5. 携帯電話はマナーモードにする
6. 喫煙は休憩時間に行う
7. 安全なシェルター
（会議中の発言内容は口外しない）

出典：日経情報ストラテジー

た「声の大きい人」に起因した問題は、多くの企業で見られます。

確かにベテラン社員は経験が豊富で、有用な意見を持っていることが多いでしょう。しかし、経験が少ないからこそ、新鮮な視点でクリエーティブな考え方ができるということもあります。会議の場に集まった人たちが、それぞれの立場や視点から十分に意見を出すことが、よりよい成果につながるはずです。また、声が大きいか小さいかで事が運んでしまうようでは、明らかにチームとして健全な状態ではないと言えます。ファシリテーターは、様々な工夫を施して、不健全な会議の場を、健全な意見交換ができる場に変えていくことが求められるのです。

工夫すべき策の一つは、ファシリテーターが主導して会議の冒頭に話し合いで順守すべきルールを決めて、皆にルールを意識させることです。例えば、「自分の意見を押し付けない」「否定する時は必ず代替案を」といったルールを決め、フリップチャートなどに書き出して、参加者全員から見えるところに張っておきます。ルールに反する言動を行う人が出た際には、ファシリテーターはルールに立ち返ることを促す審判のような役割を担うことになります。とはいえ、途中でルールに立ち返ることを頻繁に促す必要があるようでは、ルールの意義を十分に果たせていません。最初にルールに対する合意を形成することが重要で、皆がルールを意識し合って会議を効果的に進めようという意識になっている必要があります。

発言の機会を保証する

ファシリテーターは声の大きい人の発言に対処する一方で、同時にそれ以外の人の発言の機会を増やすというアプローチも試みる必要があります。「何か意見はありませんか」と漠然と意見を募るだけでなく、「あなたはどのような意見ですか」「この点はどう思いますか」と、個別の発言や具体的な発言を促していくことが求められます。発言がなかなか出にくいときには、時間を区切って、二～三人の小グループでトピックについて話してもらうことも効果的です。

また、多くの人が遠慮して、なかなか自分の意見を言い出せないというような状況の時は、各自の意見を付せん紙などに書き出してもらうやり方も有効です。誰がどんな意見を書いたか分からない状況を作ってはじめて、安心して本音を出せることもあります。ファシリテーターは、参加者に平等に発言機会を与え、声の大きさではなく発言内容で討議を進めていけるよう、付せんのような小道具も活用することが求められることもあるのです。

会議の前に、発言に影響力を持つと思われる参加者とファシリテーターが話をしておいた方がいい場合もあります。声の大きい人は往々にして、自分の意見を押し通すことを会議の参加目的と考えている節があります。会議への参加目的は、「自分の意見を押し通す」ことではないと意識させることができれば、会議への関与の仕方に変化をもたらすことができる可能性があります。例えば、「ここは、長い目で若手を育てることに重きを置いている。若手の提案が不十分なのは分かっているが、なんとかやらせてみたい。本人のアイデアをいかに実現させるかというスタンスで、意見を出してもらえないか」といった言い方で、「たたきつぶす」こと以外に意識を向けることができるかもしれません。

困った職場症候群その2

一方通行会議、周囲は「内職」

単なる報告だけに終わる

困った会議の二つ目のパターンは、定例会議などで上司への報告とその返答のやりとりが続くばかりで、議論がない「一方通行会議」です。大多数の職場では、業績や業務の進ちょくについて報告したり、業務上の連絡を行ったりするために、週次、もしくは月次といった頻度で定例会議を催しています。セブン‐イレブン・ジャパンの「FC（フィールドカウンセラー）会議」に代表されるように、定例会議を企業運営上極めて重要な場と位置付け、多大なコストをかけて毎週全国から人を集め、長時間の会議を開く例も少なくありません。

とはいえ、それだけの時間とコストに見合う成果を得られているチームはそう多くないようです。「定例会議を観察し、改善の余地を提案してほしい」と私たちに依頼してきたB社の経営企画室長も、定例会議が必ずしもコストに見合った内容になっていないと考えていました。

B社のある部門では、毎週金曜の午前中を会議に当て、課長職以上の三十人ほどのミドルマネジメントが出席していた。会議中は、多くの参加者がパソコンを持ち込み、熱心にキーボードを打っている。会議の主催者である事業部長は、部下が議事録を作成しているのかと思っていたのだが、実際は自分に関係ない話の時はメールをチェックしたり、資料を作成したりといった「内職」をしていた。参加者のほとんど全員が「この会議に出席している時間を営業活動などに当てたい」と考えながらも、仕方なく出席していた。

この定例会議は、毎週のアクションプランの進ちょく状況を確認し、進ちょくを阻害する要因について、皆で意見を出し合いたいという事業部長の考えで開かれているものだ。しかし実際には出席者一人ひとりが事業部長に順番に報告するだけで、誰かの報告に対して他の会議参加者から意見が出ることはめったになかった。

事業部長にも問題があった。報告に問題のある課長に対しては、事業部長がこ

上司の一方的な叱責が続く
こ～しろ!
あ～しろ!
俺は
こう思う!
こっちの話も
聞いてくれよ!

れでもか、といわんばかりの叱責をその場で続けることがあった。一対一のやり取りの時間が長く続く上に、この叱責を聞くに耐えないと考える他の参加者は、自分の報告が終わるとほっとして、この会議の時間を有効に使おうと、あとは内職にいそしむだけだった。

会議の様子を図で模式化

自分が参加する定例会議でもこのようなことが「あるある」とうなずいた方も多いのではないでしょうか。

左ページの図でこの会議の様子を模式化してみました。一回の会議を最初から最後まで観察し、すべての発言と発言者を整理して図で表してみたわけです。

この図を見ると、討議はほとんど行われず、報告がほとんどの時間を占めていることが一目瞭然です。また、質疑応答（および叱責）、それも事業部長と報告者との一対一のやり取りしか行われておらず、ほとんどの参加者は一度も発言をしていないことが分かります。

このように、会議の改善余地を探る場合は、事前に会議の実態の全体像を客観的に把

会議を模式化してみる

	報告	質問・討議	発言回数									
			A	B	C	D	E	F	G	H	X	Y
議題 1	5分	0分	0	0	0	0	0	0	0		0	0
議題 2	10	3	1	1	1	0	0	0	0		0	0
議題 3	6	3	2	1	0	0	0	0	1	0	—	0
議題 11	5	0	1	0	0	0	0	0	0	0	0	0
議題 12	19	3	0	0	0	0	0	0	0		0	0

- 1つの議題に対し、発言は一部の人のみ
- すべての議題を通して、ほとんどの人は発言がない
- 質問や討議より、報告時間が長い

握することが有用です。そもそもこのような実態でも全員がこの会議に参加すべきかどうか、全員がこの会議に参加すべきならコストに見合うようにするにはどう運営すべきかなどを検討する必要があります。

その会議の目的は何だ

こうした困った会議の改革においてファシリテーターがまずやるべきことは、会議の目的や期待する成果を明確に再定義することです。「定例会議」という名前に象徴されるように、定期的に開催している会議では、まずメンバーが集まることが目

的化してしまっていて、何をするかがあいまいになっているケースも少なくありません。会議の目的や期待する成果を明らかにしたうえで、そのためにどの程度のコスト(会議時間や、参加する人数)をかける価値があるかをあらためて検討してみると、今までの定例会議の運営方法ややり方を劇的に変えられる可能性があります。会議の目的や期待する成果が明確になっていてはじめて、誰に参加してもらうか、参加者の貢献意欲をどのように醸成するか、どのように進行にするかなども具体的に検討できるはずです。

会議の目的が「業務の進ちょく確認」ということなら、定期的にこれだけ多くのメンバーを集めることの意義を、コスト効率と兼ね合わせて考え直すべきでしょう。メールやネットを使ったバーチャルコミュニケーションでも、目的は果たせるかもしれません。確かに集まった方がいいに決まっているが、その時間を営業活動などに当てるよりも意義がある、と自信を持って言えなければなりません。

もし会議の目的が、「部下一人ひとりへの指導や叱責」であるなら、会議ではなく一対一の面談に切り替えたほうがいい場合もあるでしょう。

会議の目的が「討議」にあるなら、話し合いを促進するためのプロセス上の設計の工夫が必要になります。例えば、ファシリテーターが進行を設計するに当たり、議題ごとに時間を設定するだけでは不十分です。議題ごとに報告時間と討議時間とに分け、さらに報告時間を短めに設定するなどして、多くの参加者が意見を述べたり、討議したりする時間を確保すべきでしょう。トピックによっては討議を深く行いたいということであれば、週次の開催にとらわれず、頻度を少なくして一回の時間を長くするといった選択肢も考えられます。

議論の的を明確にする

B社のケースでは、会議の生産性が低くなっている原因は、会議の目的があいまいなことに加え、報告者である課長たちにも責任の一端があるように見受けられました。討議に必要な情報や材料を共有するための報告になっておらず、業務進ちょくの報告の際に、細かいことまで話し続ける人が少なからずいました。課長にしてみると、事業部長に突っ込まれまいとリスク回避するために、できるだけ抜け・漏れのないよう細かい点まで説明しているのですが、事業部長にすれば、よく分からない細かい話を聞かされることで逆にイライラが募ります。何より、一人ひとりの報告が長引くと、全員が会議に拘束され続け、会議にかかるコストが著しく増大することになってしまいます。

このような会議になってしまう場合には、報告と討議のフォーマットをあらかじめ決めておくことが必要です。例えば、先週からの進ちょく、遅れている個所、遅れている個所に対する対応案といったものです。それ以外の項目は報告しなくていいと決めておけば、大量の資料を作るのではなく、本当に共有すべきことをコンパクトにまとめることや実質的に討議を進めることにエネルギーを使えるようになります。また、「報告者の側が必ず『この会議の場で討議したい論点』を明示すること」といったルールづけをしておくことも有効です。

こうしたフォーマットをホワイトボードや模造紙に再現し、議論の的を作った上で、質問や論点を書いていくことがファシリテーターの重要な役割です。空中戦のような課長と事業部長の対話を、ホワイトボードの上の地上戦に落としていきます。ホワイトボードの上で問題認識を共通にし、皆で考えを練ることを促します。ホワイトボードや模造紙に書き出すことは、討議内容の主旨を整理するという意義があるのはもちろん、参加者の意識を一つの的に向けるという効果もあるのです。

カリスマからファシリテーターに

A社のケースもB社のケースも、一方的な詰めや叱責に時間を使うために、会議が不毛になっていく状況が浮き彫りになりました。詰めや叱責は、もちろん仕事の質や緊張感を高めるために必要な場面があります。しかし、会議の場があまりにもそればかりに染まってしまうと、職場全体に不要なプレッシャーを与え、コミュニケーションに障害が出てしまうことがあります。部下が常に上司の顔色を伺うような、健全とは言いがたい雰囲気の醸成につながることがあります。

会議運営のあり方には、チームリーダーのリーダーシップスタイルが、如実に表れます。私たちは、チームリーダーのリーダーシップスタイルは、そのチームの健全性に大きく影響してくると考えています。

リーダーシップのスタイルをごく単純化すると、「指示する」リーダーシップと、「支援する」リーダーシップに分けられます。ファシリテーション型リーダーシップは、「支援する」リーダーシップです。詰めや叱責ばかり行ってしまいがちなリーダーは、「指示する」リーダーシップしか頭になく、「支援する」リーダーシップのあり方を知らないことが多いと思われます。ある会社のリーダーからは、「会議で、メンバーを支援する、メンバーから意見を引き出すなんて発想を、これまで持ったことがなかった」と言われたこともあります。

「指示する」リーダーの限界

会議においてファシリテーションを行うのは、リーダーであってもいいし、リーダー以外の社員や、時には社外のプロが担当した方がいい場合もあります。とはいえ、チームリーダーのリーダーシップスタイルはチームに多大な影響をもたらすので、リーダーがファシリテーティブなマインドを持っていることは、円滑な組織運営と成果の創出において、大きな価値を持っています。

私たちは一九九〇年代から、ファシリテーションをベースにしたコンサルティングを行ってきましたが、近年多くの企業でファシリテーションに対する興味がますます高まっているのを実感しています。現場のリーダーから大企業の経営者まで、ファシリテーションの必要性を口にする人が増えてきました。多くの人がファシリテーションに注目するようになった背景には、「指示する」リーダーの限界が露呈していることもあるようです。

深刻な不況で先が見えない昨今、「指示する」リーダーどころか、その指示に一切の間違いもブレもない、そして強いけん引力で組織を駆動することができる「カリスマ」リーダー待望論も高まってきています。しかしどのようなカリスマであっても、そのようなリーダーシップには次のような課題があることを、意識しなければなりません。

・不確実性と複雑さが高まる今日において、一人の人間がすべてを見通すことは難しい
・社員の側に指示を待とうという意識が強くなり、主体的に考えなくなる
・社員がカリスマ頼みになり、自己責任を問う姿勢が薄れる
・後継者が育ちにくい

百年以上にわたり輝かしい業績を収め、高い倫理観で社会的にも尊敬されている米ジョンソン・エンド・ジョンソンでは、幹部研修で、「カリスマになるな」と教えられるといいます。自動車メーカーのスズキの鈴木修社長は、七十歳を過ぎてから、自身の

リーダーシップスタイルを変えたといいます。それまでは強烈なカリスマ経営者として知られ、いわゆる典型的なけん引型リーダーだったのが、ある時「鈴木流を否定してくれ。これからはチーム経営だ」と言い出したのです。まさにファシリテーター型リーダーに軌道修正をしたのだといえるでしょう。

カリスマとまではいかなくとも、職場におけるリーダー層の多くが、確かな指示を出すことをリーダーの最重要の役割と考えています。そして、考えたり判断したりといった行動のすべてを自分ひとりで背負い込んでいます。しかし、そのようなスタイル一辺倒のリーダーでは、リーダー自身も疲弊するし、メンバーたちにも「やらされ感」が募る一方となることがあります。

背負い込みの悲劇

ある業務改革のプロジェクトリーダーを務めたA氏は、プロジェクトの成果を出すためにどういう作業が必要かを自分で考え、その作業を誰にどう割り振るかも自分で決めていました。プロジェクト会議では、自分が考えたことを説明し、役割分担と期日をメンバーたちに提示しました。それがリーダーとして当然の務めだと思っていたのです。

背負い込みで疲弊する

その後のプロジェクト会議では、各メンバーに進ちょくを報告させ、問題が生じている場合は、すべての対処策をA氏が指示をしていました。そのプロジェクトは、そこそこに順調に進んではいたものの、A氏は徐々にやるせなさを感じるようになりました。プロジェクトが盛り上がってこないのです。本業の業務が忙しいと、会議を欠席する者も目立ち始めました。そんな時、欠席者の穴埋めをするのはいつもA氏でした。

プロジェクトも中盤に差し掛かったころ、ファシリテーションを学んだA氏は会議で思い切って、次のように切り出してみました。「役割分担をいま一度見直して、より良い方法を皆で考えたいと思う。今の役割分担について、どう思っているか、そして、どのような役割分担であれば仕事を進めやすいか、一人ひとりの考えを聞かせてほしい」。A氏の突然の変容ぶりに、メンバーたちは驚きましたが、徐々に各人が意見を述べ始め、やがて全員での議論へと発展していきました。この日新たに決まった役割分担は、今までA氏が考えたこともなかった方法で分担できるという意見がメンバーから出たために、以前より各メンバーの業務負荷のバランスが良いものとなりました。この後も、メンバーの考えを促し、意見交換を行い、決定に参画してもらうことを繰り返した結果、プロジェクトに対するメンバーの当事者意識も一体感も、以前に比べて格段に高まっていきました。

「指示」と「支援」のバランスを取る

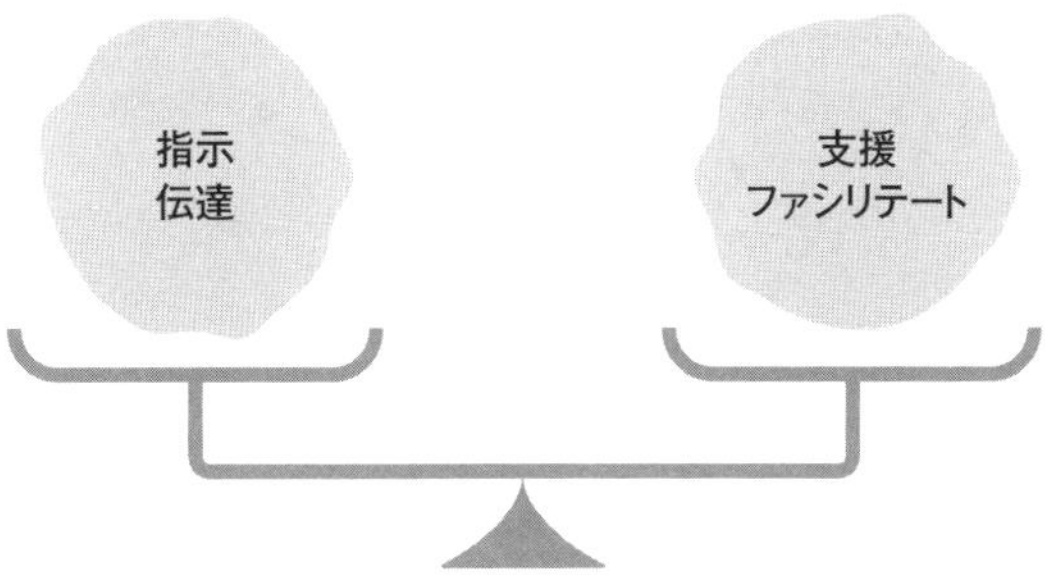

「指示」と「支援」のバランスが大事

将来がますます見通しにくい時代です。価値観や働き方も多様化しています。そういう状況では、リーダーだけが解を示して引っ張るよりも、皆で知恵を出し合っていくことで、より創造的な策を生み出すことの重要性が増しています。

そもそも、会議においてはメンバーが主役です。各人の意見や知恵が必要だから集まってもらっているわけです。一方的に指示伝達をするばかりではなく、メンバーの考えを引き出し、メンバーたちに十分に議論をさせ、意思決定にも関与してもらうことが求められます。もちろん、すべての指示伝達が駄目というわけではありません。いつも支援だけを行えと言うつもりももちろんありません。ファシリテーションを身につけることでリーダーシップの幅を広げ、指示を出す時と、支援をすべき時のバランスを見極めることが肝要なのです。

リーダーが会議ファシリテーターとなるには

ファシリテーションについて話をすると、会議のファシリテーションは誰が行うのが適切かについて問われることが頻繁にあります。会議の目的や状況によって解は異なりますが、当事者ではなく第三者、例えば別の部門の人にやってもらうことが適切なケースも多く、私たちのような全く外部の者が行う方が効果的な場合も少なくありません。

しかし、いつも外部の人にファシリテーションを依頼するのは現実的ではありません。リーダーがファシリテーティブなリーダーシップを身につけ、自らのチームの会議をファシリテートできれば、これに越したことはありません。しかし、リーダーが自らの部下を集めて会議のファシリテーションを行う際には、特有の難しさが存在します。

実際にリーダーがファシリテーションを行おうとトライしてはみたものの、挫折するケースは少なくありません。挫折した人たちになぜ実践できなかったかを聞いてみると、リーダーによるファシリテーションの難しさとして共通して挙げられたのは、以下のような点でした。

1　聞いてもメンバーから意見が出てこない
2　自分の意見を言いたくて我慢できない
3　意思決定する立場と板挟みになる

それぞれについて、どうしたらよいか考えてみましょう。

課題1　聞いてもメンバーから意見が出てこない

聞いても意見が出てこない原因はいくつか考えられますが、大別すると、「言いたくても言えない」か「何を言ったらよいか分からない」ということになります。いずれにしても簡単に解決できるものではありませんが、このままあきらめてしまうのでは、リーダーとして健全な組織作りを放棄することになります。何としてでも壁を破る努力をしたいものです。

「言いたくても言えない」中で、とりわけ深刻な問題と考えられるのは、メンバーは意

ファシリテーター型リーダーが直面する課題❶

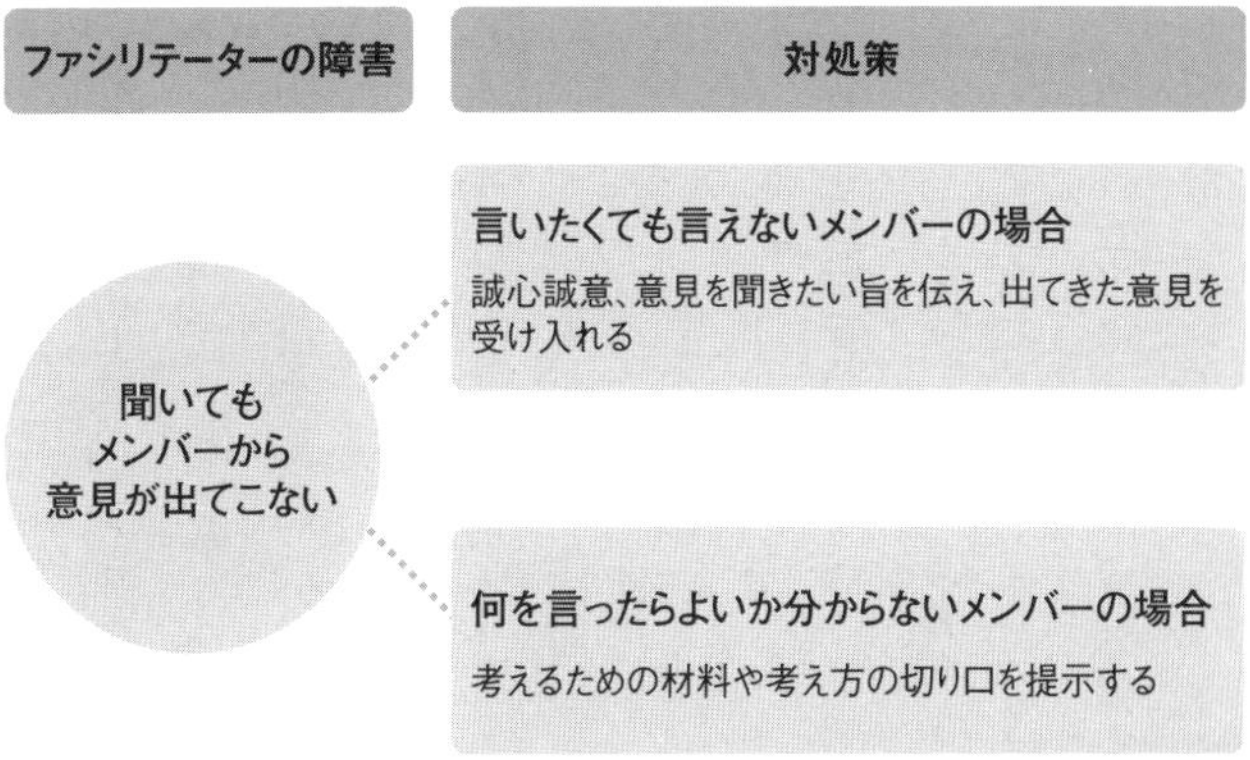
ファシリテーターの障害
対処策
聞いても
メンバーから
意見が出てこない
言いたくても言えないメンバーの場合
誠心誠意、意見を聞きたい旨を伝え、出てきた意見を受け入れる
何を言ったらよいか分からないメンバーの場合
考えるための材料や考え方の切り口を提示する

見がないわけではないけれど、「言ってもしょうがない」すなわち「言わないほうが得策だ」と思っている状況です。言ったところで何が変わるわけでもないし、下手をするとたたかれるかもしれないと思い込み、その結果、貝になるのです。

この現象は「学習無力感」と名づけられ、組織心理学の専門家の間でも最近話題になっています。学習無力感とは、「『言ったところで何も変わらない』という自分の無力さを学習していく」状態です。こうした状況を放置したままでは、社員は閉塞感を抱いたり、ことなかれ主義がはびこったりして、組織が不活性になっていくばかりです。

このような状況の時にこそ、リーダーがファシリテーティブに振る舞うことが重要になります。まずリーダーは、皆の意見や考えが聞きたいというメッセージを誠心誠意メンバーに伝えることです。問いかけを続けること、どれだけ長い沈黙が続こうとも辛抱すること、出てきた意見をすべていったんは受け止めることなどの姿勢がメンバーの意識に変容をもたらします。たとえあまりぱっとしないような提案でも、最初から否定しないようにします。受け入れられたという気持ちを抱かせることが大事です。そうした積み上げから、メンバーが「言えば何とかなることもある」ということを「学習」するようになるのです。

❖思考の切り口を提示する

意見が出てこないもう一つの原因は、メンバーが「何を言ったらいいのか分からない」状態になっていることです。こちらは「思考機能障害」とでも呼べそうです。メンバーがこれを患ったのは、自ら考える癖をつけさせてこなかったリーダーの責任でもあります。この場合においても、リーダーによるファシリテーションが有効な解決策となり得ます。

冒頭の定義に戻りますが、ファシリテーションの本来の意味は、「やりやすくなるよう支援すること」。つまりファシリテーター型リーダーは、メンバーたちが考えやすいように支援してあげなければならないのです。「問いかけても、答えが出てこないから駄目だ」と簡単にあきらめず、データや経緯など、考えるための材料を用意したり、メンバーが考えるために効果的な切り口を提案したりと、できる限りの支援を施すべきです。「そんなことをするより自分で考えたほうが早い」と思えてくるかもしれませんが、目的は良い解を出すことではなく、メンバーの思考機能障害の処置であることを忘れないでください。

あるマーケティング戦略立案チームのリーダーだったB氏は、その豊富な経験から、今後のマーケティング戦略の大まかな形を当初から自分で描いていました。しかしチームのミーティングでは、自分の考えをあえて話しませんでした。

代わりに各種市場データを準備して、「今、伸びている市場セグメントはどこか？」「競合が少ない市場セグメントはどこか？」などといった質問を投げかけていったのです。B氏の問いかけにこたえる形でメンバーの考えが促され、チームは様々な仮説を立て、考察を重ねました。その結果、チームのメンバーがたどり着いた結論は、結局最初にB氏が描いていたものとほぼ同じでした。しかし議論を経たおかげで、メンバーの市場に対する理解がはるかに深まり、実行へのモチベーションも高まっていたのです。

課題2 意見を言いたくて我慢できない

メンバーから意見が出てきて議論が進んでいくなかで、リーダーが自分の主張を控えるのがつらくなってくるというのは、至極自然です。ここでは、我慢せずに意見を言う場合と、我慢を続ける場合に分けて考えてみましょう。

まず我慢せず発言する場合。私たちのようなプロのファシリテーターは、中立的な立場で議論をまとめる役割にあるので、自分の意見は控えなければいけませんが、社内の人間がファシリテーターを務める場合であれば、あまり厳密にこのことにとらわれる必要はありません。ファシリテーターを務める人間の知恵やアイデアが共有されないことのデメリットが大きい場合はなおさらです。

ただし、その人間がリーダー格である場合、自分の発言の重みは、ほかの人の数倍であることを心得ておくことは必要です。自分としては軽い気持ちで口にしてみたことが、その後の議論の流れを変えてしまったりすることもあります。自分の発言がその場に与える影響を、客観的に読み取るスタンスを忘れてはならないのです。

ファシリテーター型リーダーが直面する課題❷

ファシリテーターの障害	対処策
自分の意見を言いたくて我慢できない	**我慢しない場合** 中立性にとらわれすぎず、ファシリテーターの意見も述べる。ただし、その影響に気を配る
	我慢する場合 メンバーの意見に対し、最大の関心を寄せる

一方、たとえリーダーが情報やアイデアを持っていたとしても、あえて発言を我慢し続けることが、功を奏する場合もあります。議論を行うことによって、リーダーの発想を超えたアイデアを得ることを目的としている時です。ファシリテーターの役割は、多様性をパワーに変えることにあります。リーダーとは立場が違うからこそ、リーダーには見えていないこと、リーダーでは思いもよらないことが出てくるかもしれないと期待できるのです。リーダーは、メンバーの考えに関心を持つことを第一とし、最大限の好奇心を持って傾聴してみましょう。自分の意識をそのように仕向けることができ

れば、もはや、「我慢の時間」ではなくなるはずです。

商品の取扱説明書を作成する部署を統括していたC氏は、部下たちと新商品の説明方法について検討していました。最先端の技術によって可能になった機能をいかに魅力的に説明するか議論をしている中で、新人のDさんは議論についていくのが精一杯の様子で、新しい機能について誤った発言をしてしまいました。リーダーのC氏は誤りを正そうと口を開きかけたのですが、ふとDさんがどうしてそのような誤解をしたのかに興味を持ちました。そこで誤りを正すのではなく、なぜそのように思い込んでしまったのかを探る質問をしてみました。それがきっかけで、そもそもそれまでの取扱説明書作成のプロセスにおいて一般消費者への分かりやすさが十分に意識されておらず、誤解を招くような表現を日常的に使っていることにリーダーも、そしてメンバー全員も気づくことになったのです。

課題3　意思決定する立場と板挟み

最後に、リーダーがファシリテーションするのが難しい理由として挙がるのが、「自分はリーダーなのだから、意思決定しなくてはならない。ファシリテーターとして、皆の意見を吸い上げてばかりいるわけにはいかない」ということです。

もちろん、リーダーとして決めるべきことは決めなくてはなりません。しかし、すべてのことに対し、リーダーである自分が意思決定をしているのであれば、明らかに権限委譲が不十分といえるでしょう。リーダーは、徐々に自分が決めていた権限を、より現場に近いメンバーに徐々に下ろしていくことを検討すべきでしょう。そうしなければ、リーダーはいつもさまつなことの意思決定にまで追われ、より重要なことに取り組む時間がなくなってしまうのですから。

権限委譲をしたならば、委譲したメンバーらが適切に権限を行使できるよう、支援することが欠かせません。「権限委譲イコール任せっぱなし」ではないのです。適切な意思決定をメンバーたちができるよう、ファシリテーターとして支援すると効果的です。リーダーとしても、「権限委譲したものの、彼らが失敗してしまったらどうしよう」という不安を払しょくすることができます。そして権限委譲がより一層進んでいくのです。

第3章

「他人事」「無関心」

～形骸化した変革プロジェクトを再生する

Chapter.03

トップダウンだけで会社は変わらない

二〇〇九年、米国の新しい指導者となったバラク・オバマ大統領が、選挙で訴えたメッセージはあまりにも有名なものとなりました。「チェンジ」、すなわち変革です。米国をオバマ氏がどのように変革していくかには世界中の注目が集まっていますが、米国発の不況に苦しむ日本企業の多くも、生き残りをかけて変革に取り組もうとしています。社長が陣頭に立って事業構造の改革を推進したり、部門のリーダーが主導して部門内の生産性向上活動を行ったりなど、様々な変革が進んでいるのではないでしょうか。

とはいえ、変革は一人の優れたリーダーが、トップダウンで成し遂げられるものではありません。ややシンプルな言い方をすれば、戦略や組織、制度などはトップダウンで変えることができますが、価値観や風土、人の能力などはそうはいきません。また戦略のようにトップダウンで変え得るものも、実行する過程では、現場での意識改革が伴わなくてはなりません。企業文化や人の意識とは、そうたやすく変えられるものではあ

会議にも変革にもファシリテーションが必要

会議ファシリテーション

会議で、参加者が「主役になって共に議論できる」よう支援する

変革ファシリテーション

変革において、様々な人が「互いにかかわりあいながら主体的に変わる」よう支援する

りませんが、変革において、この「変えにくいもの」を無視することはできないのです。ただし、風土や意識を「変える」ためにあれこれ手を尽くすとかえって反発が起きたり、やらされ感が募ったりして、組織が不健全になるという逆効果が生じやすいのです。変革実現の鍵は、むしろ自ら「変わる」ように仕向けることにあります。「変わる」のを支援するのが変革のファシリテーションなのです。

会議やプロジェクトの運営において、ファシリテーターは、会議の参加者が主役となって議論できるよう支援します。これと同様、変革のファシリテーターは、変革の過程で様々な人が互いにかかわり合いながら、主体的に変わるよう促していくのです。

困った職場症候群その3

当事者意識に欠けた「他責職場」

笛吹けど踊らぬ業務改革

機械メーカーC社のD事業部では、一年前に就任した事業部長が旗を振って、業務改革プロジェクトを推進してきた。部門間の情報共有の推進や、業務のスムーズな連携を実現して、生産性を向上することが目的だ。営業、設計、生産、物流部門などからメンバーを選び、三人の社員で組織する事務局が定期的にミーティングを開催して話し合いの場を持ってきた。

しかし半年を経過してもはかばかしい成果は生まれなかった。ミーティングでは、それぞれの部門の担当者が業務の流れを説明し、共有すべき情報が何か、それを部門間で受け渡すにはどうしたらいいかを話し合おうとした。しかし、口頭での説明だけでは、ほかの部門のメンバーには仕事の具体的なイメージを伝えにくかった。かといって、説明用の資料を作ると負荷が増し、ミーティングの出席率自体が落ちてしまうリスクもあった。

また話し合いの過程では、物流部門の担当者が「そもそも営業の売り上げ予測が甘いから、在庫があふれてしまう」と指摘するなど、自部門の業務の問題を差し置いて、他部門の責任のみを言及することから、感情的な応酬にもつれこむこともあった。「うちの事業部だけが情報共有に取り組んでも、全社の損益管理システムが古くて、データの精度が悪いんだから意味がないよ」「事業部長がころころ変わって、前の方針と全然違うことを押し付けられるのが困る」などと、会社全体の問題をあげつらって、「だからこんな話し合いをしても無駄なんだ」と言外ににおわせるメンバーすらいる始末だ。

意欲のあるメンバーが、「各部門の業務の流れを整理した資料を作ろう」と提案しても、「なら言いだしっぺがやってくれ」と仕事を押し付けられることもあった。こうした様々な言い分が飛び交っても、事務局はそれらをうまく整理し、建設的な議論に変えていくことができなかった。ミーティングを重ねるたびに、メンバーには「仕事が忙しいのに面倒くさいことに巻き込まれている」という被害者意識が増幅し、欠席者も目立つようになっていった。

大きく仕事のやり方を変革する際には、組織の長が旗を振ることは重要なのですが、その意図が現場まできちんと伝わらず、下手をするといつの間にか「トップが言っているのだから変えろ」ということだけが降りてくることがあります。それでは、現場は「やらされ感」を募らせ、組織の活力が失われてしまいますし、上から降ってくる方針、押し付けられた戦略というものに対して、人は自律的に、主体的に動こうとしません。この事例では、それが「自分はやりたくない。誰かがやればいい」とか「うまくいかないのは自分以外（例えば「事業部長のせい」）といった、「他責」の意識となって、強く表れています。他責は変革において大きな障害になります。

他責ではなく自責、すなわち関係者が当事者意識を持って変革に当たるには、これから取り組む課題に対する納得感が不可欠です。「『自分が』これをやると決めた」という意識になってはじめて、人は困難な課題に取り組むモチベーションが生まれるものです。

そのためには課題や解決のためのアクションプランに対して、上から一方的に与えるのではなく、話し合いの過程でその必要性などについて十分に議論する場を設けることが欠かせません。自分の意見を言い尽くし、周囲の意見を聞き尽くしたと実感できることが、納得感の源泉となります。

押し付け合いや「他責」がまん延

ただし前提として、まずメンバー同士の関係を改善し、責任を押し付けあったり、ほかのメンバーに対して無関心だったりする姿勢が変わる必要があります。一見、遠回りのようでも、「場を作る」「関係を築く」というフェーズに時間を割くことは、あとで変革の速力を増すのに有効に働きます。その後で、「問題意識を共有する」「問題領域を特定する」「解決策立案と実行」という本題に入るという、全部で五つのフェーズをもって、変革を進めます。

それではここで、それぞれのフェーズで、どのような話し合いの技術が活用できるか、ご紹介していきましょう。

フェーズ1 場を作る

安心して言いたいことを言える、あるいは難しい問題に対しても前向きに取り組む、こんな雰囲気を最初に醸成できれば、本題に入ったときに議論が格段にスムーズになります。そのために、アイスブレイクゲームやチームビルディングゲームを取り入れてみましょう。最近では、アイスブレイクゲームのマニュアル本なども出回るようになったので、自分なりに色々と調べ、変革のテーマやメンバーの様子に合わせて、適したゲー

変革ファシリテーションの流れの例

プロセス	プログラム	目的
①場を作る	・アイスブレイク：それはちょうどいい	・ムードを和らげる ・参加者が期待を表明し、変革に臨むモードを作る
②関係を築く	・リーダー・アシミュレーション	・リーダーとコミュニケーションをとる ・変革の目的や進め方について深く理解する
③問題意識を共有する	・あるべき売上構成比とあるべきリソース配分設計 ・業績シナリオの楽観ケース／悲観ケース	・問題意識と当事者意識を喚起する
④課題領域を特定する	・事業部長へ進言する3つの課題 ・プロセスマッピング	・皆が課題と原因を理解する ・課題領域の優先順位をつける ・解決に向けた機運を高める
⑤解決策とアクションプランを立案する	・Must/Can/Will ・アクションプラン ・組織間の業務連携のための心得十カ条	・実行に向けた具体案ができる ・実行段階での勢いを維持する

ムを選択するとよいでしょう。

C社D事業部のようなケースには、『「ちょうどいい」ゲーム』はどうでしょうか。このゲームでは、参加者に様々な無理難題を投げかけ、参加者が「それは困った」ではなく「それはちょうどいい」と前向きに受け止められるシチュエーションを作っていくのです。

例えば「大雨で会社が水浸しになった」という悲惨なテーマに対し、「それはちょうどいい！　これを機会にオフィスをペーパーレスにしよう」「魚を放流してニュースに取り上げてもらおう」といった具合に、非現実的でもよいので創造的なアイデアを出し合っていきます。ゲームを通じて緊張感をほぐすだけでなく、ポジティブなアイデアによって、明るいムードが徐々に醸成されていきます。

ゲームの最後には、この変革プロジェクトに対する期待を「ちょうどいい、○○しよう」という表現で各参加者に表明してもらいます。すると、「ちょうどいい、これまで先延ばしだった問題に正面から取り組もう」「ちょうどいい、普段話すことのない別の職場の人とも知り合おう」といった前向きな言葉が口から出てきます。「仕事が忙しいのに」とか「改革といってもどうせ何も変わらない」などと、いやいや参加していたような人たちも、「プロジェクトに入ってしまった以上、何か自分にとって意味のあるこ

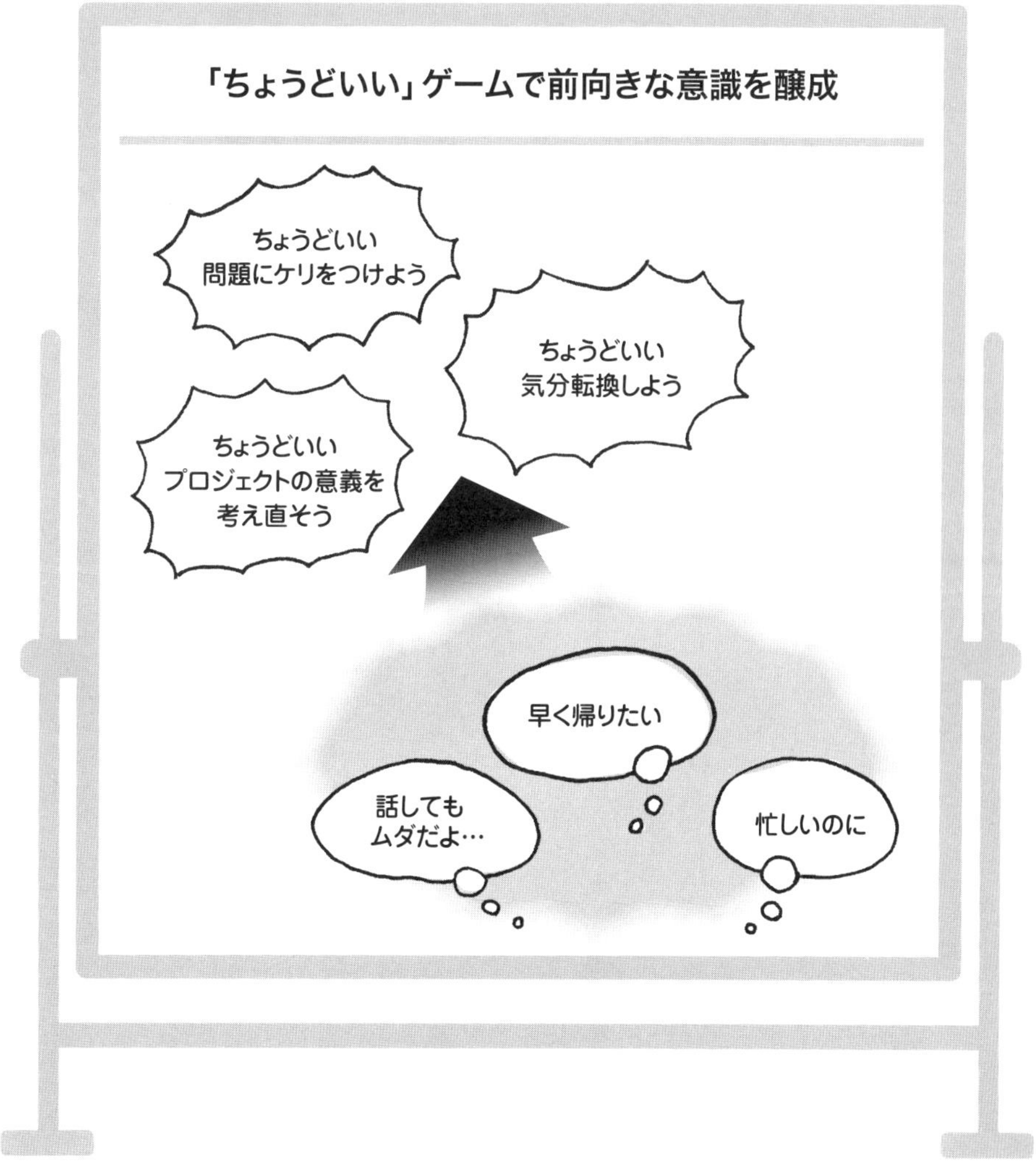
「ちょうどいい」ゲームで前向きな意識を醸成
ちょうどいい
問題にケリをつけよう
ちょうどいい
気分転換しよう
ちょうどいい
プロジェクトの意義を
考え直そう
早く帰りたい
話しても
ムダだよ…
忙しいのに

とをやろう」というモードに切り替えられるようになるのです。

フェーズ2 関係を築く

変革を推進するプロセスでは、メンバー同士が意見を戦わせながら、数々の問題を乗り越えていかなければなりません。そのとき信頼関係という基盤が脆弱だと、意見の戦いが個人攻撃のように受け取られ、関係が崩壊していってしまいます。そうなる前に、お互いの人となりや価値観、プロジェクトに対する思いなどを、リラックスした状態で共有する機会を作ることです。

一般的には懇親会などを行っていると思いますが、そのほかにも、気軽にオープンに本音を語り合えるカフェのような会話を意図的にデザインする「ワールドカフェ」などのファシリテーション手法もあります。アルコールを伴わなくても、じっくりとお互いの考えを理解しあうのに有効な話し合いの技術といえます。

また、メンバー同士だけでなく、トップとメンバーの間の関係を構築する必要がある場合があります。私たちが変革のファシリテーションを行ったあるケースでは、社員たちと事業部長との信頼関係が十分に築けていないことが、事前のヒアリングで明らかになっていました。事業部長が就任して間もないことに加え、前任者が「改革・変革」を掲げながらも、体裁だけ整えた表面的な施策を打ち出すにとどまっていたり、取り組みをころころ変えたりしていたため、新しい事業部長がどれだけ本気で改革しようとしているかについて、懐疑的な社員が多かったのです。改革推進チームとして任命されたメンバーですら、「今度の事業部長はどんなものだろう」と様子見の姿勢をとっていました。メンバーたちのこうした態度が変わり、事業部長と共に改革の最前線に立つようになるには、事業部長の意図と本気を理解してもらうことが欠かせませんでした。

そこでファシリテーターは、「リーダー・アシミュレーション（同化）」というセッションを行いました。これは、組織が新しいリーダーを迎え入れたときに実施すると効果的な話し合いの技術のひとつです。

このリーダー・アシミュレーションの冒頭で、事業部長は「皆さんからの率直なフィードバックがほしい」というメッセージを語ってから、二時間ほど退出します。リーダー不在の場で、参加者に「リーダーについて知っていること／知りたいこと」「リーダーに知ってほしいこと／期待すること」などを自由に語ってもらいました。ファシリテーターは、一人ひとりの率直な発言を促しながら、書き留めていきました。

二時間後、事業部長が再び部屋に入り、ファシリテーターが記録しておいた社員の質問や意見に答える形で「なぜこの会社に入ったか」「最近の業績低下をどの程度深刻にとらえているか」「事業部の進むべき方向はどこにあるか」などについてコメントしていきました。参加者は皆、自分が聞きたかったことをリーダーが自らの言葉で語るので、真剣に聞き入りました。

❖聞きにくいことを聞ける環境を作る

このプロセスでは、面と向かってリーダーに聞きにくいことを、ファシリテーターを媒介に聞くことで、リーダーとメンバーの関係を深め、相互の信頼感を醸成することを目的としています。実際、リーダー・アシミュレーションのあと、参加者からは「日常の仕事やミーティングでは、なかなかここまで思いや本音を聞くことはなかった」「やろうとしていることの本質や背景の理解が進んだ」のような意見が多く聞かれました。二時間以上をかけて、リーダーと参加者の関係を深めることで、参加者には安心して変革への取り組みのための議論に集中できる雰囲気が醸成されていきました。

巧みな議論の仕切りがあっても、参加者がそもそも話し合いの目的に懐疑的だったり、「自分とは無関係のこと」と距離を置いていたりすると、話し合うことそのものが無意味になってしまいます。もちろん以降のステップでも、関係性を強化することは重

安心して本音を言える環境作り
大丈夫だよ〜!

要なのですが、まず初期段階で人間関係の融和に努め、信頼関係を醸成しておくことが肝要です。

フェーズ3 問題意識を共有する

ここまでのプロセスで気持ちがほぐれ、メンバーやリーダーとの相互理解が深まると、本題を話し合う土壌ができたことになります。まずは、問題意識を参加者で共有するフェーズに入ります。「問題意識はある」と大抵の人は言いますが、多くの場合、問題の所在は自分以外のところにあると考えがちです。「自分はやるべきことをやっている」、「問題は他部署にある」、「上層部にある」などと考えている以上、問題意識の共有はできません。問題意識の共有とは、「私たちには、このような問題がある」と皆が言えるようになることなのです。そのような状態になって初めて、変革を自分のこととして取り組む当事者意識が生まれてきます。

他責がはびこる背景の一つとして、メンバーそれぞれの視野が狭く、自分の部署のことばかりを考え、会社や事業部の全体像が見えていないことが考えられます。例えばある企業では、様々な部署がリソース不足を訴え、自分の部署に十分な人員を配置しても

リソース配分設計で全体観を持つ

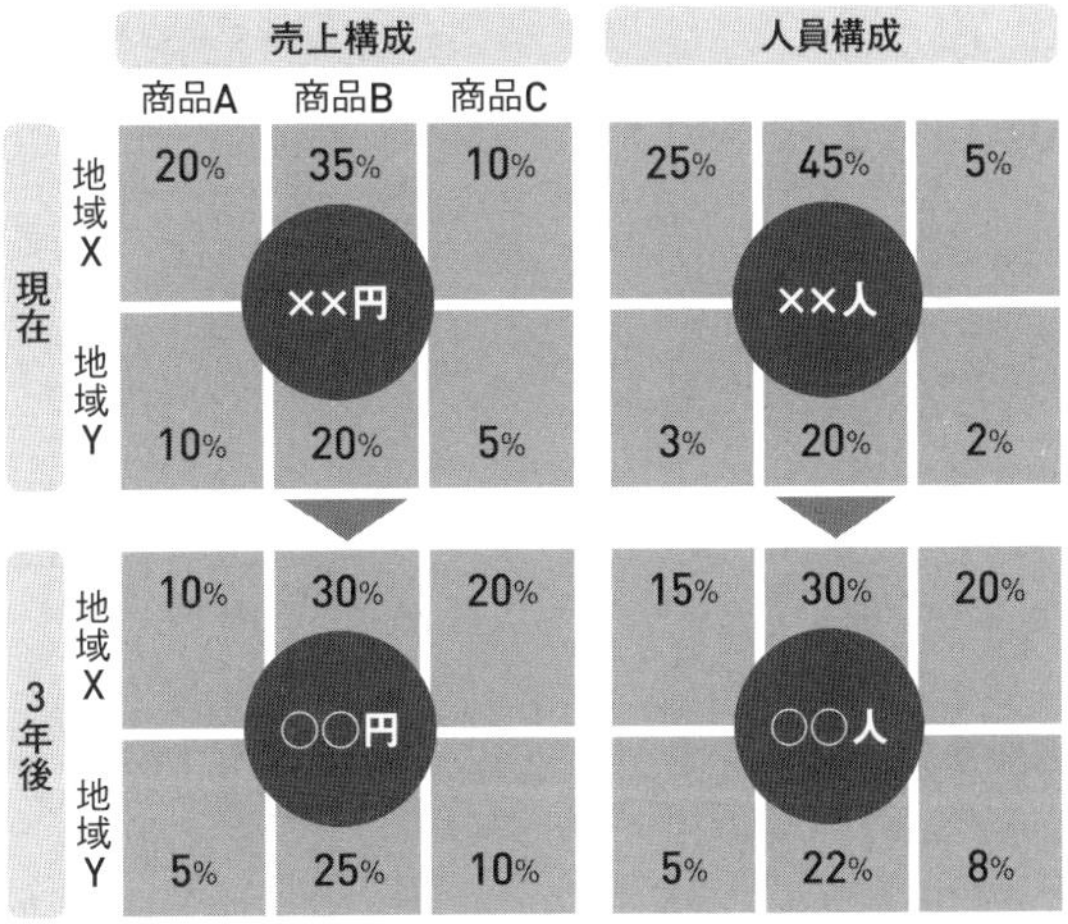

らえないことに不満を感じて、被害者意識がまん延していました。

そこで、各部署から人を集めて開催したワークショップでは、参加者に全体観を持ってもらうため、「あるべき売上構成比とあるべきリソース配分設計」というセッションを設けました。その事業部における商品別売上構成の理想形と、その売上構成を実現するためのリソース（人材）配分のあるべき姿を描いてもらうものです。いわば経営者の立場で全体観を持って資源配分の議論をしてもらったわけです。

これには、一人ひとりが経営者の視点で全体を俯瞰することにより、自分の部署の都合だけでは事業が成り立たないことを体感する効果がありました。ヒト・モノ・カネのリソースは限られているので、こっちを立てればあっちが立たないということになります。配分の設計をすると、いやが応でも全体観を持って組織を眺めざるを得なくなるのです。議論が展開するにつれ、リソースの取り合いや他責の意識から、いかにすれば全体としてリソースを有効に活用できるかという意識に変化していくのです。

❖「悲惨なシナリオ」で危機意識を高める

部分ではなく全体像を見ながら話し合うのに効果的な技法には様々なものがありますが、最近注目を浴びているのは「システム思考に基づくループ図」です。組織のあちらこちらで起きていることや社員が感じていることを要素として書き出し、そのつながりや相互作用を線でつないでいきます。すると、問題はどこか特定の部署にあるのではなく、皆の意識や行動が共鳴しあって、状況をどんどん悪化させている現実が浮き彫りになります。そして、問題は特定個人に起因するものではなく、システムの構造にあることも理解できます。

問題の構造をループ図で整理する

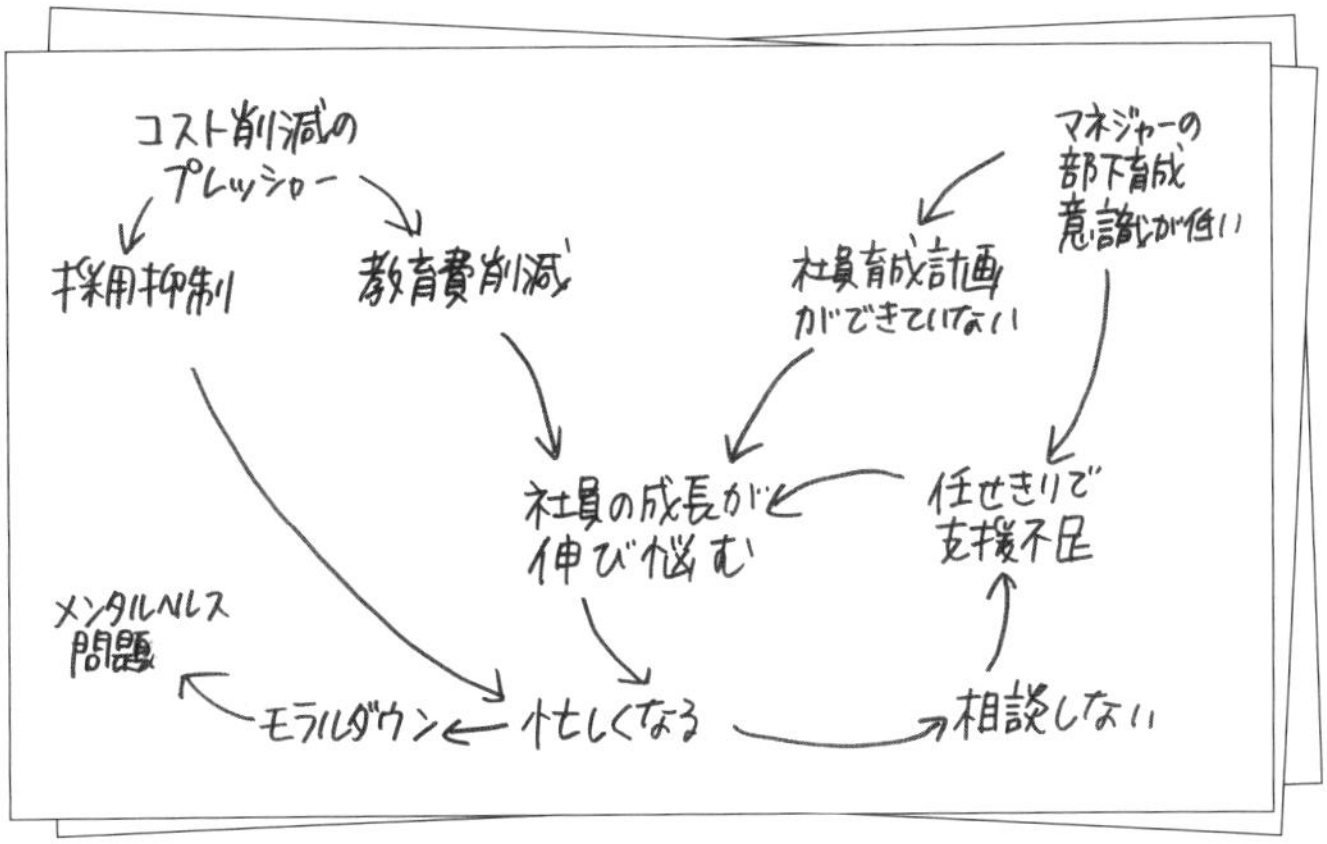

システムの構造は、通常、複雑に成り立っていて、何が原因で何が結果なのか必ずしも明確ではありません。たとえば、自分のある行動は結果でもあり原因でもあったりするのです。したがって、図はループの形になっていきます。

現状が把握できたら、変革の原動力を生み出すために、このまま皆が今の行動をとり続けると、どうなるのか、最悪のケースのループ図を書いてもらうこともあります。そうすると、おのずと、この悲惨なシナリオを自分たちの力で回避しようという気持ちが湧き上がってきます。

フェーズ4 課題領域を特定する

フェーズ3までで、問題を解決しようという機運が高まっているはずです。とはいえ、すべてを解決するにはリソースがかかり過ぎて戦略的ではありません。変革の実現のために最も重要な課題に絞り込んで検討を進めていかなくてはなりません。

C社D事業部のように、部署間での連携を目的としているときは、「プロセスマップ」を参加者全員で描くことが有効です。主要業務でかつ、業務の連携に課題があるとの指摘が多かったプロセスに関して、現状の業務のステップや部門間の連携を整理し、壁一面の大きな絵に表します。プロセスマップを作っておけば、課題を議論していく際に、何の話をしているのかを皆が理解しながら進めることができます。全体像を描くことによって、自組織の業務だけでなく、他組織の業務の流れも把握できるので、全体最適の観点から課題領域を見極めやすくなるのです。

❖感覚を数値化する

プロセスマップを描く際、ファシリテーターはあくまでも「現状」のプロセスを描くようにガイドしましょう。「この業務はこう処理しているはず」などと推測に基づいて

プロセスマップで問題の全体像を把握

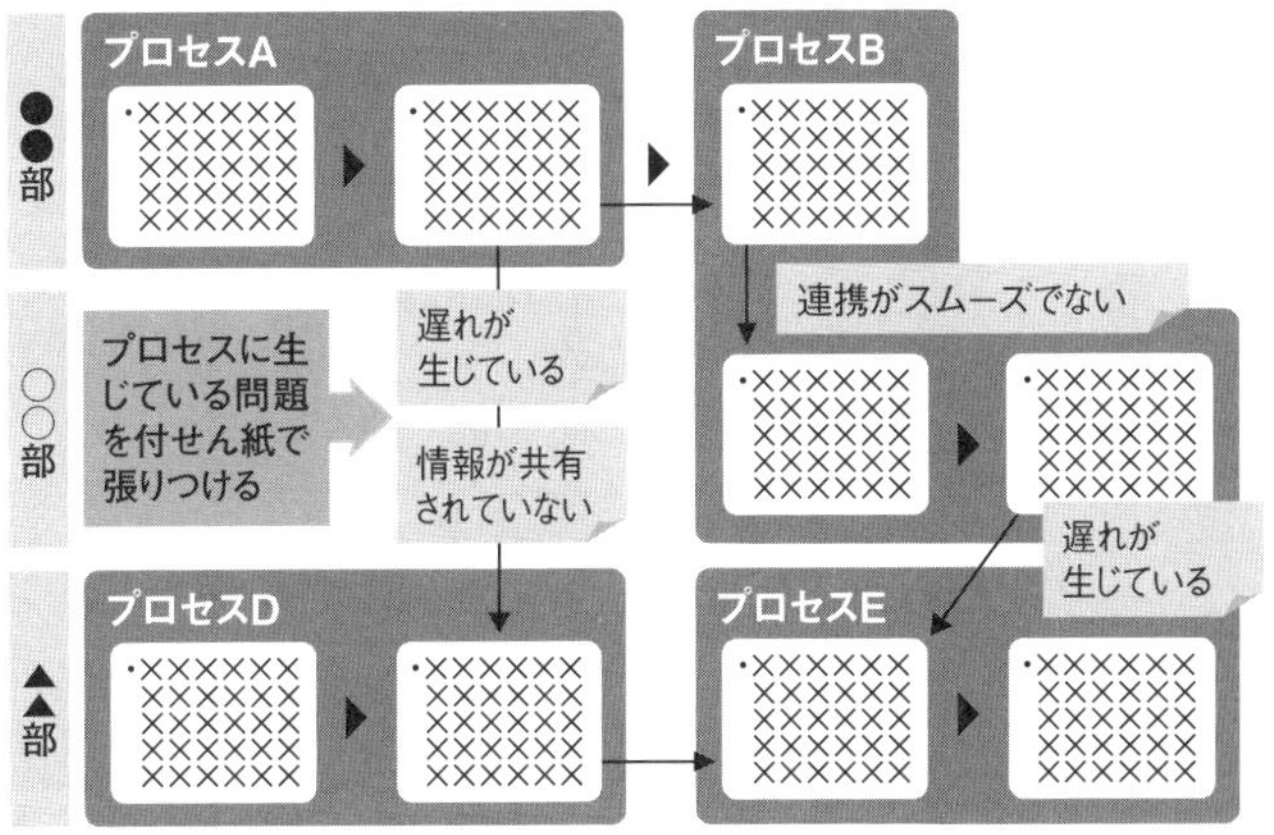

プロセスを描いてしまうと、現場で起きていることが把握できません。ですから、実際の業務を担当している人を連れてきて、その人から処理方法を話してもらうべきです。すると、実際に行われているやり方は、本来の処理方法とは違っていたり、最も適切な方法ではなかったりということもあるかもしれませんが、そこで「こうすべきだ」という議論に走らないように気をつけます。ひたすら現状をありのままにとらえるようにするのです。

こうして現状の全体像が見えてから、プロセスのどこで具体的にどのような問題が起きているのかを、付せん紙に書いて張りつけてもらいます。これで現状がどうなっているかと、皆の問題意識がどの辺りにあるのかが、一目で把握できるようになり、今後の議論のテーブルが出来上がります。

こうしたインフラを整えたうえで、ファシリテーターは連携が特にうまく機能していない個所を抽出し、優先順位の高い業務に議論を集中させるように導きます。そのために、例えばプロセスマップを十個程度のブロックに分け、各ブロックの業務の連携度合いを十点満点で評価してもらい、その点数を付せん紙で張りつけてもらうのも一案です。点数はあくまでも各人の感覚値ですが、数値化することで連携度が低い（と認識している人が多い）業務ブロックが明確になっていきます。また連携度が「高い」と評価する人と「低い」という人が混在するブロックでは、ある部門で「うまく連携できている」と自己満足しているのに、実際には別の部門で余分な作業が発生するなど、しわ寄せが起こっている可能性もあることが分かってくるのです。

問題のブロックがはっきりしてくると、そのブロックに意識的に時間を割き、その原因を探ろうと自然に議論が始まっていくことでしょう。本格的な議論に入る前に、どこに時間と労力を割くべきかを定量的に測り、共通認識としておくこともファシリテーターの重要な使命なのです。

問題の大きさを数値化する

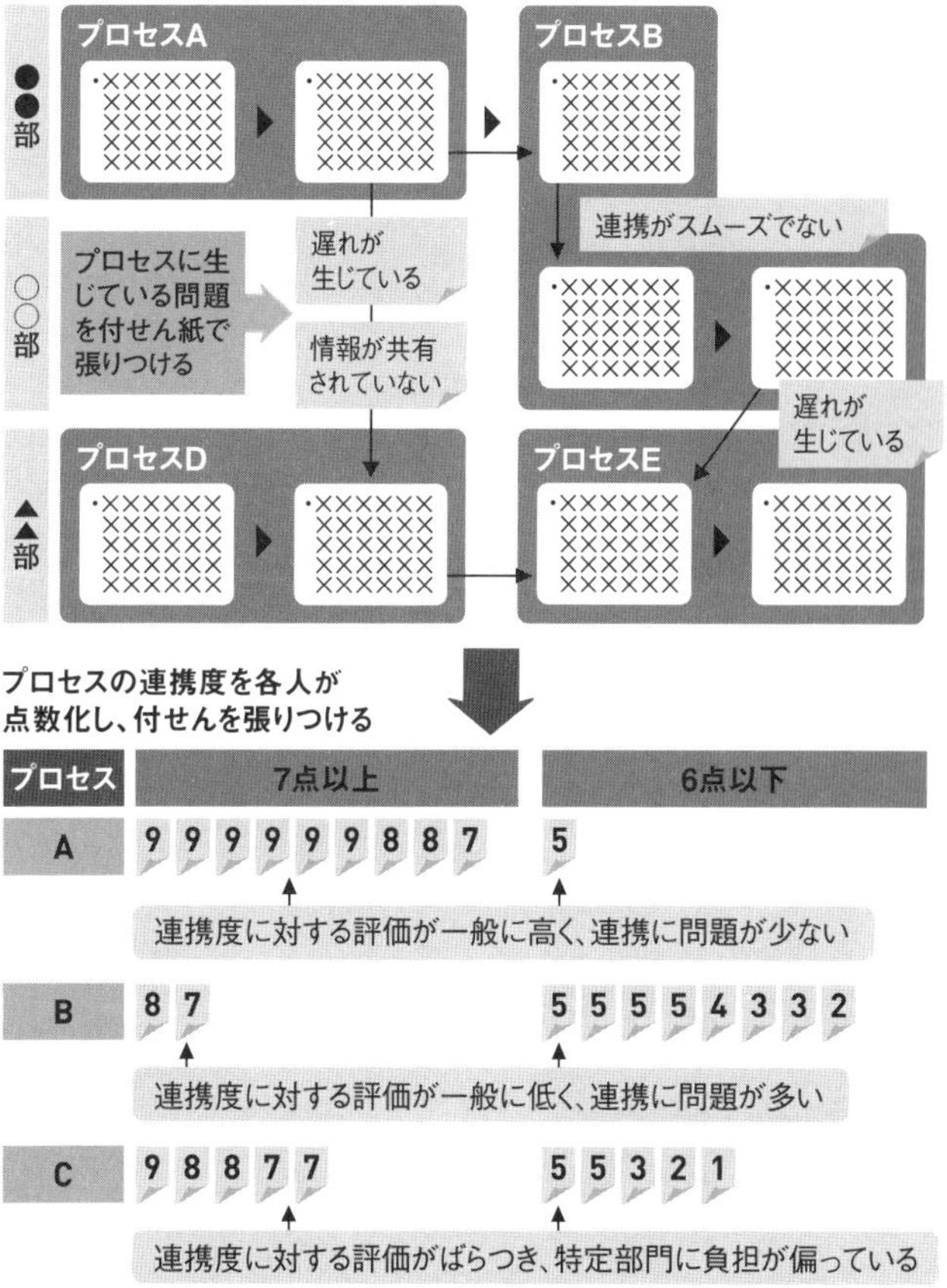
●●部
○○部
▲▲部
プロセスA
プロセスB
プロセスD
プロセスE
・××××××
プロセスに生じている問題を付せん紙で張りつける
遅れが生じている
情報が共有されていない
連携がスムーズでない
遅れが生じている
プロセスの連携度を各人が点数化し、付せんを張りつける
プロセス
7点以上
6点以下
A
9 9 9 9 9 9 8 8 7
5
連携度に対する評価が一般に高く、連携に問題が少ない
B
8 7
5 5 5 5 4 3 3 2
連携度に対する評価が一般に低く、連携に問題が多い
C
9 8 8 7 7
5 5 3 2 1
連携度に対する評価がばらつき、特定部門に負担が偏っている

❖課題を大きくとらえる

一方、業務改善レベルの変革ではなく、もっとダイナミックな変革を企てなくてはいけない場合を考えてみましょう。その場合、現状の分析を詳細にすることが、かえって革新的な課題解決のアイデアにたどりつきにくくしている恐れがあります。

私たちは、時々ファシリテーターとして、「あなたは神様で、組織内のいろいろなことを進言するとやこの事業の将来がお見通しです。事業の成功に関してトップに三つのことを進言するとしたら、何を提案しますか」という問いかけをすることがあります。ちょっと空々しい感じもしますが、「神様」を持ち出すのには理由があるのです。

一つは、視座を大きく変え、あらゆる制約を取っ払って自由に発想してもらうため。一つは、問題を指摘するだけでなく、どうあるべきかという建設的な提言に意識を転換させるためです。さらには「三つ」に限定することで、小さな課題はとりあえず横に置き、重要な課題を優先的に議論するよう社員の意識を合わせようと狙っています。

この問いについてあるチームで話し合いをした結果、「グループ会社間の事業シナジーの創造」という課題が抽出されたことがありました。参加者の多くは、グループ会社間はおろか、自分の会社全体のことを普段考えることもなかったのですが、天から見下ろしている感覚で考えたところ、自分の仕事と他のグループ会社の事業の関連性を見出し、チャンスがあると気づいたようです。

ここまでのプロセスで、重点課題領域が確認され、優先順位も明確になってきました。課題を十分に共有して理解したら、解決に向かう機運が高まってきます。そうなれば、もう半分解決したようなものです。自然とわき上がった解決へ向けたエネルギーほど、変革の成果実現に必要なものはないのですから。

フェーズ5 解決策とアクションプランの策定

課題の領域と優先順位が明確になったら、いよいよ解決案の策定に着手します。すると、いくつかの解決案が出てきて、どれを採択すべきかで対立が生じることがあります。そのような対立は極めて健全であり、各人が真剣に考えているからこそ生じるものです。ファシリテーターもメンバーも対立を恐れることなく、意見を出し合うようにしましょう。

ただ、互いに譲れぬままに平行線に終わってしまっては、しょうがありません。対立をどう処理するかは、重要な話し合い上の技術です。たとえば、部門間連携という課題において、「A部門が最初に処理をしてからB部門に情報を共有したほうがよい」というA案と、「B部門が先に処理をしてからA部門に情報を共有したほうがよい」とする

Ｂ案の二つが浮上して行き詰まったとしましょう。

❖ 個別案から抽象的な枠組みに置き換える

このような場合に有効なのは、いきなり「どちらを選ぶか」と解決策の最終形をまとめようとするのではなく、各人が考えていることをまず何らかの枠組みに落とし込むことです。たとえば、「Ｍｕｓｔ／Ｃａｎ／Ｗｉｌｌ」という枠組みがあります。「絶対にしなければならない（＝Ｍｕｓｔ）こと」「実行できる（＝Ｃａｎ）こと」「本来こうしたい（＝Ｗｉｌｌ）こと」の三つに分類して、前提となる考えを整理していきます。この目的は、メンバーをＡ案とＢ案から一度離し、Ｍｕｓｔ／Ｃａｎ／Ｗｉｌｌの枠組みで問題の本質を確認し合うことにあります。

例えば「Ｍｕｓｔ」で確認されたのは、「業務をスムーズに運営するには、○○や××といった情報が、Ａ部門とＢ部門で共有されることが『不可欠』ということだったとします。それはすなわち、それがなくては業務自体が回らなくなるという前提をはっきりさせたわけです。

「Ｃａｎ」では「○○や××といった情報を共有するために、それぞれの部門でどのような労力や時間をかけかれらるか」を探して挙げていきます。

フレームワークで問題を整理する

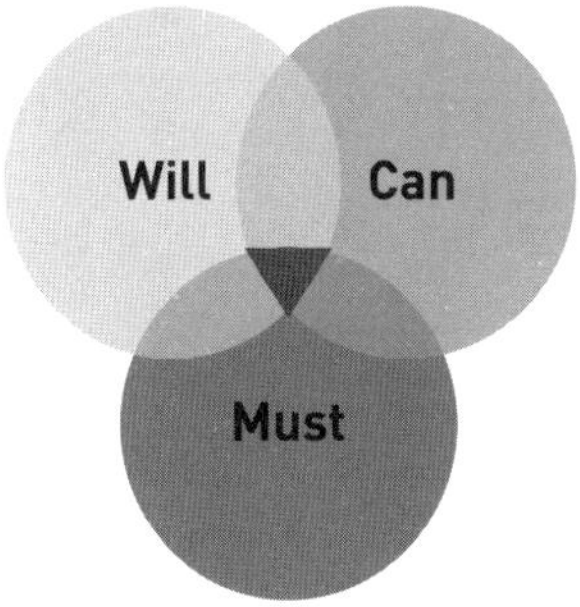

Will（本来こうしたいこと）だけでも、Can（できること）だけでも、Must（すべきこと）だけでも、現実的なプランでない

「Ｗｉｌｌ」では、現状をいったん置いて「理想的にはこういうものがあったらいい」と思うことについて討議します。すると「Ａ部門の業務をシステム化するとスムーズになる」といった意見が出てきたりするかもしれません。実際にはシステム化までの投資余力はなかったとしても、こうした「理想像」を一度抽出しておくと、「本来の姿」をにらみつつ、「移行期の姿」はどうあるべきかをメンバーが目線をそろえて考えられるようになり、議論がかみ合ってくるのです。

「すべき」だけでも「やれる」だけでも「あるべき」だけでも、現実的な解とはなりません。各人の見方が共有されて自然に考えのすり合わせが起こり、三つの輪の重なりあう部分を見いだそうという意識から、討議が前に進むようになるのです。

❖十カ条で浸透させる

解決策が決まり、実行計画にまで落とし込まれると、あとは実行と進ちょく確認になりますが、せっかく一つにまとまっていたベクトルも、実行段階で、またバラバラになるリスクが残ります。特に部署横断的な改革活動では、解決策立案までは皆で集まって共同で作業をしても、実行はそれぞれの部署に戻って取り組むということが多く、せっかくの勢いも、部署に戻ると、旧態の雰囲気に飲み込まれてしまいかねません。そこで、効果を持続させるための何らかの工夫が必要です。

ある事例においては、実行フェーズに移るにあたって、「効果的な実行のための十カ条」を皆で作ることにしました。この組織の場合、過去に仕組みを作っても、根本的な部分まで変革するに至らなかったことがあり、施策の遂行には「魂」を込めることが重要だと考えられました。それを心得としてまとめておくことで、「自分たち自身」に意識を向ける効果も同時にありました。

本来、心得なるものは十個に限らなくてもよいのですが、浸透させるためには遊び的な要素も必要と考え、ファシリテーターは「必ず十カ条とするように」と指示しまし

十カ条で意識を浸透させる

すべし

- XXXの確認では、「しつこい」と言われるべし（確認をしつこいくらい繰り返すべし）
- XXXのあるべき姿について「本社と戦う」べし（常に議論すべし）
- XXXを「パートナー」と考え、自分のXXXに対する思いをぶつけるべし
- XXX構築は「現場スタッフ中心」ですべし
- XXXではまず「自分がこのようにやる」という姿勢を示すべし

すべからず

- XXXでは「遠慮」すべからず（がんがん行く）
- XXX業務は、決して「本社を頼り」にすべからず
- XXXを決して「形式的な場」にすべからず
- XXXは「自ら抱え込む」べからず（様々な人を利用すべし）
- XXXの「成果にとらわれすぎる」べからず（XXX部門の役に立つことを第一とすべし）

た。すると「どの要素が最も重要なのか」や、「いかにシンプルでキャッチーな表現にするか」といった点で討議が盛り上がり、最後には「〜すべし」や「〜すべからず」といった表現で、クリエーティブな内容の十カ条ができあがりました。

この議論を通じて、連携のために重要な事項が改めて確認されました。そして、各メンバーは、解決策と共に十カ条をそれぞれの部署に持ち帰り、壁に張り出していったのです。

ビジョンを共有し、変革への情熱を生む

これまで挙げた事例は、戦略や業務上の課題が生じ、その課題解決のために改革を行うという趣旨でした。一方、組織のあるべき姿や価値観を共有することから、改革すべきことを見い出すという方法論もあります。前者は、顕在化した問題に対応するといった受動的な動きで、後者は、自分たちが本来やるべきことをやるという、より主体的な動きであると言えます。しかし、後者では、「なんで今さら」とか「こんなことを話し合って何になる」という反応が必ずといってよいほど起きるので、成功させるのは容易ではありません。

そのような話し合いの技術を説明する前に、ビジョンやバリューという概念について整理をしておきましょう。

ビジョンとバリューをすり合わせる

ビジョンとはチームや会社全体が「こうした姿になりたい」と描く将来像です。それに対してバリューとは、個人が人生や仕事の何を重視するかという価値観に相当します。

近年日本企業もビジョンの重要性に対する認識が高まり、創業時のビジョンを見直したり、新たにビジョンを明文化したりする企業も増えています。しかし、美辞麗句を尽くしたビジョンが社員に浸透せず、お題目にとどまっているケースも少なくありません。「顧客と社会に貢献する企業になる」といった立派なビジョンを掲げる企業で、コンプライアンスの問題が発生したりするのはその典型といえるでしょう。

一方で、ビジョンが「腹に落ちている」、すなわち、組織の将来像や目標が達成された時の姿がメンバーに共有され、具体的に目に浮かぶような状態に達している企業やチームでは、メンバーにワクワク感が生じ、ビジョンに向かうエネルギーが自然に醸成されています。そのポイントは、ビジョンとバリューのすり合わせにあるのです。

ビジョンの内容がメンバーそれぞれのバリューと結びついているとき、ビジョンの実現が、個々人を内面から駆動する原動力となり得ます。逆に個人のバリューと結びつか

ビジョンとバリューをすり合わせる
社員が相互に信頼し、高め合って、
お客様の期待を超える成果を出す
チームのビジョン
ビジョンの内容が
メンバーのバリューと結びついている
お客様に喜ばれたい
仲間と協力し合いたい
仕事で自己実現したい
チーム共通のバリュー
メンバー個人のバリュー
技術力でリードしたい
周囲から評価されたい
目覚ましい成果を挙げたい

ないビジョンは、メンバーにとっては現実感のない絵空事に終わってしまいがちです。ファシリテーションによってチームメンバー各人のバリューやその共通点を洗い出すことで、バリューを反映した納得感のあるビジョンを生み出せるのです。

では具体的な事例に基づいて、ビジョンとバリューを使って変革を起動させるファシリテーションのやり方についてみていきましょう。

困った職場症候群その4

「なんでそんなことやるの?」職場

立派なビジョンも現場に浸透せず

流通D社の経営企画部は、部長以下二十名のスタッフで構成されていた。その主な仕事は、毎年各事業部に事業計画を策定するように指示し、それを回収し、まとめ上げることだった。事業部からは密かに「集計屋」と揶揄されることがあった。

それ以外には、社長や役員たちから依頼される資料作成や情報収集も担当していた。依頼される資料作りは、経営に関するものももちろんあったが、雑多な仕事も多く、部員らはそれぞれ場当たり的に対処することで日々を追われていた。

このような状況に疑問を感じた部長のE氏は、経営企画部の本来の姿をビジョンとして示すことにした。熟考を重ねた上、E氏が編み出したビジョンステートメントは、「経営企画のプロ集団になる」というものだった。そのステートメントの背後には、「部員たちが経営手法のいくつかに精通し、経営陣からは『便利屋』としてではなく、ブレーンとして頼られる存在になってほしい」というE氏の思いがあった。しかし、そんなE氏の意気込みとは裏腹に、ビジョンの説明を受けた部員たちの反応は冷ややかそのものだった。

「そう言ってみたところで何になるの?」「雑用とはいえ、役員から頼まれたら断れないし」「自分は、今の仕事で十分」と部員が内心思ったことを、その表情からE氏は感じとっていた。

ビジョンは、シンプルな表現でまとめるべきと、よく言われます。しかし、それでは漠然としていてよく分からないという反応が返ってきがちなので、いざ説明しようとすると、今度は押し付けがましく聞こえてしまいます。また、社員は「具体的にどうしろというのか」とよく言います。それに正面から答えてしまうと、指示された仕事をこなすだけになってしまい、ビジョンを共有して自主的に動くという狙いから程遠くなってしまいます。ビジョンの話し合いはどうすればいいのでしょうか。

E氏は、専門家の助言をもらいながら、「ビジョン共有ワークショップ」を開催する

ビジョンが冷ややかにしか受け止められない
プロ集団になろう
そう言われてもなぁ…
今のままでいいのに
プロ集団？

ことにしました。

フェーズ1 個人のバリューを引き出す

最初に行ったのは、メンバーを二人一組にして、それぞれがこれまでの仕事のなかで最も素晴らしいと感じている「至高体験」について、約一時間ずつのインタビューを行うことでした。目的は、各メンバーのバリューを洗い出すことです。

至高体験をテーマにしたのは、仕事に対する価値観や組織への思いを形成するうえで、その体験が大きな影響を及ぼしている可能性が高いからです。「一人で大規模な案件を受注した」「成果が認められて昇進した」といった経験を至高体験として挙げる人は、個人の達成意欲が強く、そこに仕事の価値を見出しているといえます。一方で「顧客から感謝された」という人は、他者への奉仕という価値観を持ち、「チームが一丸となって目標を達成した」ことを挙げる人は、皆で力を合わせることに価値を置いていると考えられます。

インタビューでは至高体験をトリガーに、自分がそこで学んだことや意識の変化、理想とする組織像などに話を発展させていきました。素晴らしい体験を語る時には、思考

「あるべき姿」を重視した変革プロジェクトの進め方（例）

個人の価値観の整理
至高体験を語り合い、「仕事において何に価値を置くか」を具体的に洗い出す

↓

個人の価値観と組織ビジョンを結びつける
各人の価値観と組織ビジョンの関連性を探る

↓

組織ビジョンを体現
チームで寸劇など、クリエーティブな手段で、目指す姿を具体化する

↓

アクションプランを作る
自分への「挑戦状」を作り、今後やるべきことを整理する

が前向きになるので、変革に対して積極的に取り組む意識を醸成できる効果もあります。

とはいえ、長時間のインタビューを続けて他人の深い思いを聞き出すという経験は、メンバーの誰にとっても初めてのことです。問いかけがまずければ、相手が恥ずかしがったり、抵抗感を感じたりして、表面的な話で終わってしまう恐れもありました。そこで、内面に踏み込むために効果的な問いかけの内容やその順序を、E氏は専門家の指導のもと、インタビューシートにまとめておきました。

インタビュアーは、インタビュー

シートにある質問を一つひとつ丁寧に聞きながら、相手の話を受けとめていきます。リラックスした雰囲気で進めてもらうため、インタビューの場所は自由に選べるようにし、メンバーはカフェや屋外など、思い思いの場所でインタビューを行いました。

フェーズ2 個人のバリューと組織ビジョンを結びつける

インタビューの次には三つのグループに分かれて、経営企画部のビジョンを改めて読み直し、各人の価値観とどのように関連しているかを話し合いました。ある人は、経営企画が事業部から感謝されることに意義を見いだし、また、ある人は専門性を徹底的に追求して仕事の質を上げることに意義を感じていました。こうして、部の将来像の絵の中にいる自分を見いだせた時が、ビジョンが共有できた瞬間なのです。

フェーズ3 組織ビジョンを体現する

次のステップは、各人が抱いたイメージを合体させることです。これを文章にしようとすると、もっともらしい文章作りに意識が向いてしまい、本来の自分たちの気持ち

バリューを洗い出すためのインタビューシートの例

- あなたがなぜこの会社に入社したかを教えてください
- 仕事を始めてからこれまでで、最も誇りに感じている仕事の体験を教えてください
- なぜそのとき、自分は成功できたのだと思いますか
- その体験は部のビジョンである「プロ集団になる」と関連していると思いますか

がどこかに行ってしまう恐れがあります。文章の良しあしにとらわれず、自由に表現してもらうためには、日ごろ使わないコミュニケーション方法を用いると効果的です。

E氏は、前フェーズで分けた三つのグループに対して、「経営企画のプロ集団」というテーマで寸劇を演じるよう依頼しました。寸劇で表現する時間は十分、準備は休憩を含め一時間です。

目的はビジョンの体現です。お互いの価値観を踏まえ、組織ビジョンを共有するためにストーリーを作る作業は、楽しいだけでなく、非常に有意義です。たとえば、「経営企画のプロと

して付加価値の高い仕事をする」と言ったところで、何が付加価値の高い仕事かは具体的にはイメージできず、寸劇も成り立ちません。付加価値の高い仕事の具体的事例がどうしても必要になってきます。そこで、付加価値の内容や高さについて、深い対話が生じます。さらに、せりふや動作の一つひとつに意味を持たせ、メッセージを込めなくてはいけないので、お互いの理解があいまいなままでは前に進まなくなります。

全員で寸劇という一つのアートに取り組むことにより、一体感を醸成できるメリットもありました。たとえ十分の寸劇だとしても、演じるうえでは緊張を感じるし、やり遂げた時の達成感は大きいのです。こうした経験を共有することで、チームに仲間意識や一体感が生まれます。さらに、寸劇を見るほうにとっても、台詞だけではなく、表情や体全体から発せられるメッセージを、感覚的、直感的に受け取れるのです。

この寸劇の発表会では、独創的な演出が相次ぎました。シリアスに演じて感動をねらったグループもあれば、ユーモアたっぷりに表現したグループもありました。

全チームの寸劇が終わった後は、感じたことを話し合ったり質問をし合ったりする時間を設けました。「あの時の手を差し出した動きにはどんな意味を込めていたの?」「あの時の表情には、自分も共感できた」といった対話の中から、多くのメンバーが感動したポイントが明確になっていきました。それこそが、自分たちの理想とする姿であり、

寸劇によるビジョン共有の効用

- 寸劇の準備段階で楽しく笑いながらでも深い「対話」ができる
- 表現方法が自由で、創造性や可能性が無限に広がる
- 全員が寸劇というアートの一部になり、一体感を醸成できる
- 寸劇から発せられるエネルギーを体全体で受け取れる

ビジョンなのだということが確認されたのです。

フェーズ4 アクションプランを作る

寸劇での感動が冷めないうちに、チームはビジョンを実現するための行動計画作りに取りかかりました。この時も、具体的なアクションプランを列挙したリストではなく、現在の自分たちに対する「挑戦状」という形式を取ることにしました。挑戦するという言葉を多く盛り込むことで、自分たちが変革の主体であり、現状改革に積極的に取り組んでいくというポジティブな意識を喚起するためです。

挑戦状作りに取り組んでいる最中、メン

バーの一人が口を開き、「私たちの挑戦は『経営企画部の世のモデルになること』なのではないか」とつぶやきました。これは、彼がメンバーの価値観に触れ、寸劇を通して表現されたビジョンを感じ取るなかで、ふっと出たコメントでした。

メッセージ自体は決して新奇なものではありませんが、ここまでのプロセスを通じて、部員同士の価値観の共有が進んでいたため、このコメントが全員の心に火をつけました。この瞬間がいわばワークショップのピークであり、この時に覚えた感動が、その後の経営企画部の変革の駆動力となっていきました。こうしたピークの瞬間を作り出すことは、ハイパフォーマンス・チームの形成における鍵を握っています。

その様子を目にした経営企画部長のE氏は、「経営企画のプロ集団になる」というビジョンステートメントを、「経営企画部の世のモデルになる」に変更すると公言したのです。部員たちの思いを結集したら、当初のビジョンより、もっとストレッチされた内容に生まれ変わったのです。

ワークショップの後も、職場では、「それは、モデルとして適切なのか?」「こうすることが、本当にモデルになることにつながるのか?」といった対話が多くなされるようになりました。そういった対話が、自分たちの業務の本質を見直し、新たな方向に踏み出していくことにつながりました。

各メンバーは主体的に考え、経営企画のモデルになるための具体的なアクションを次々と実行していきました。

❖右脳を刺激し感性に訴える

「寸劇でビジョンを表現する」という取り組みは、やや奇異に感じるかもしれませんが、体を動かすことには右脳を刺激する効果もあると言われ、言葉のやり取りでは伝わらない思いを共有することができます。寸劇のほか、チームでビジョンを象徴したオブジェを作ったり、絵を描いたりといったアクティビティーを取り入れる例もあります。

至高体験インタビューを通じて、仕事で感じた感動を言葉にし、寸劇などのアクティビティーで右脳を刺激しながらビジョンを形にするファシリテーションの手法は、「ポジティブ・アプローチ」と呼ばれ、経営理念共有のワークショップなどで多く取り入れられています。高揚感や前向きな意識を醸成する効果がありますが、ワークショップ開催後に日数が経つと高揚感が薄れてしまうリスクがあります。効果持続のためには、ささいなことでも、何がしかの変化が見受けられたら、それを認知し賞賛することを繰り返すことが大事です。E氏は、ある役員から「この資料は面白いね」とコメントをもらい、すぐに皆にフィードバックして喜び合いました。また、部員の一人が経営分析の講

座を受講するなど専門性を高める取り組みをした時には、賞賛の声を惜しまずにかける
ようにしました。

第4章

「聞いてない」「知らなかった」

～日常コミュニケーションの行き違いを防ぐ

Chapter.04

「職場」というチームの難しさ

ここまで、会議やワークショップなど、主に話し合いの場におけるファシリテーションの活用法を考えてきました。しかし、ファシリテーションの考え方やスキルは会議の場だけで役立つものではありません。職場での日常のコミュニケーションの改善にまで適用することで、より大きな成果を生み出せるのです。

第1章で、職場が単なる「グループ」から「チーム」へ、さらに「HPT（ハイパフォーマンス・チーム）」へと進化することの重要性に触れましたが、これを支援することこそ、ファシリテーションの神髄です。逆に言えば、日常のコミュニケーションで健全な風土が醸成されていてはじめて、会議やプロジェクトのような場でも本音を出し合って建設的な議論が行われることにつながるので、何気ない日常を変えなければ意味がないのです。

ファシリテーションの考え方を日常に取り入れ、職場を「チーム」にしていく、即ち日常のチームビルディングをリードしていくリーダーを、我々はファシリテーティブ・リーダーと呼んでいます。しかしながら、日常でファシリテーティブなリーダーシップを発揮し、職場をチームにしていくことは容易ではありません。まずは、職場でのチーム作りの難しさから見ていきましょう。

「いつも一緒」だから見落としていること

組織の中を見渡してみると、「チーム」と呼ぶべき単位はたくさん存在しています。そしてほとんどのビジネスパーソンは、様々なチームに所属したり、関係を持ったりしているはずです。同じ部門内に存在する少人数のチーム、特定課題の解決に当たるプロジェクトチーム、部門の壁を越えたプロジェクトを行うクロスファンクショナル・チーム、そしてトップマネジメントが組織する経営チーム。最近では、顧客企業や供給業者と連携するクロスカンパニー・チームや同業他社や異業種とタッグを組むアライアンス・チームなども生まれています。

様々な種類のチームが存在する中、ほとんどの人が、部や課といった組織で規定されたチーム、すなわち「常設チーム」に所属して、日常業務の遂行や組織運営を行っていることでしょう。スポーツの世界に例えれば、プロジェクトチームのような特殊な目的のために有期で組織されたチーム、すなわち「特設チーム」はいわば日本代表チームです。これに対して浦和レッズや阪神タイガースのように、恒常的に試合や練習に臨むクラブチームが「常設チーム」と呼べるものです。多くの組織人は、時として特定目的のプロジェクトチームに所属することがありながら、普段は何らかの常設チームに所属しています。これが「職場」であり、最も身近な存在だと思います。

しかし身近であるがゆえに、「チーム」として意識されにくいという側面を持っています。これが常設チームの最大の難点です。所属しているという状態が当たり前であり、期限が限られているわけでもなく、存在の目的や求められる成果も特設チームと比して幅広く明瞭でないことが多いため、職場をチームとして意識できないことが多いのでしょう。「自分の職場がチームとして機能しているかどうかなど、考えたことがなかった」という声も少なからず聞いてきました。

また、常設チームは、従来どおりのやり方を前提とする慣性が強く働き、改めてチームビルディングを実施したり、チーム変革に取り組んだりする機会をつかむのが難しいのです。新しくチームに入ってきたリーダーやメンバーが、最初のうちは新たな風を起こしたり、仕事のやり方を改善しようと意気込んでいても、時間の経過とともにその

特設チームと常設チームの主たる特徴の違い

	常設チーム	特設チーム
予定される活動期間	無期	有期
目的や成果の設定	目的や成果は広くあいまい（目標は明確に設定されることが多い）	目的や求められる成果が、極めて明確に限定される
プロセス（仕事の進め方）の設計	通常は既に決まったやり方が存在している	新たに設計し、組み立てていくことが求められる
メンバーの人選	既存のメンバーが前提	目的の実現に必要なメンバーを選定できる

チームでの既存のやり方や考え方などにいつしか染まってしまい、チームを変えるきっかけを失ってしまうことがよくあります。

逆説的ですが、むしろ、ゼロから作り上げなければならないプロジェクトチームなどの特設チームのほうが、チームを意識する機会に恵まれているともいえるでしょう。様々な部門からメンバーが集まるからこそ考え方をすり合わせよう、有期での成果が求められるからこそ求心力を高めて目標を達成しよう、といった意識が醸成されやすいのです。実際に、チームビルディングイベントなどの活動を通じてチームの力を高めようという努力を意識的に行うのも、特設チームのほうが圧倒的に多いようです。

チームへの意識がなく、自らの業務を「こなす」だけの意識に陥る

職場の常設チームでは、ひとりひとりの作業分担が細分化されていることが多いと思います。日々の業務を効率的に効果的に進めていくために当然のことなのですが、自らの業務の割り振りを遂行することにのみメンバーの意識が集中してしまうことで、チームとしての成果をもたらせないという弊害が起こりがちです。常設チームの最大の落とし穴と言ってもいいと思います。

常設チームにありがちな状況

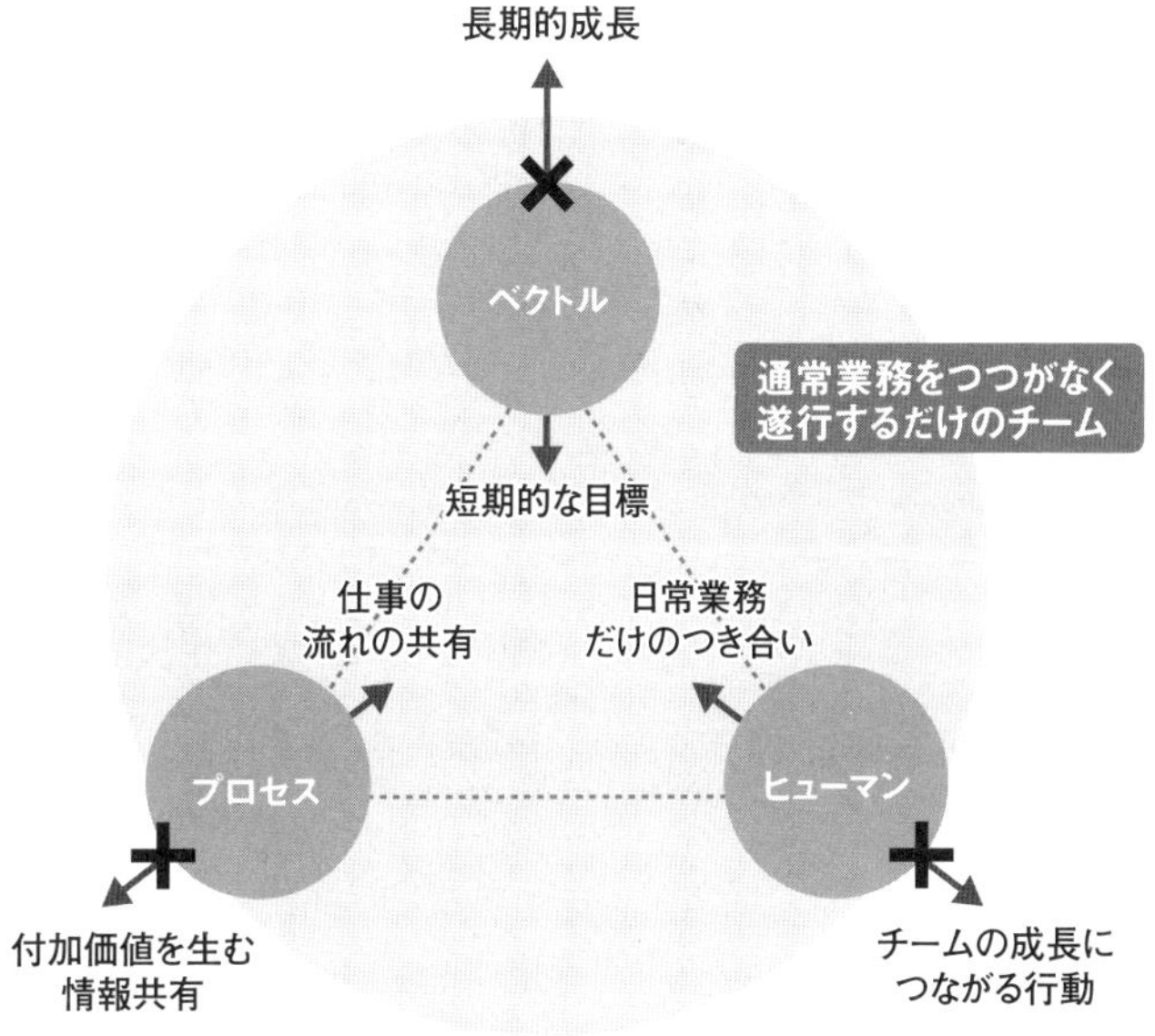

常設チームの改善を依頼されて、各チームメンバーの仕事の仕方をつぶさに観察する機会によく目にするのは、自分の作業が百点までできている、そして他の人がまだ四十点しかできていない状況において、自分の分担分をさらに完璧にしようとする人たちです。本来自分の作業を八十点で止めてでも、四十点の人を支援した方が、チームとしては、より大きな成果を生み出すことができるはずです。ほかの人を助けないのは、当人に悪意があるわけではなく、単にまわりが見えていないだけなのです。このようなことが起きるのは、各人の意識をチームに向かわせるための仕組みや仕掛けが不十分なために、チームとしての成果を最大化させるという各人の意識が不足しているということに尽きると考えています。

第一章でチームの三要素をご紹介しましたが、メンバー各人が、チームへの意識を強く持っておらず、自らの業務を「こなす」だけの意識に陥ってしまっている職場のチームは、三つの要素が閉塞的な状態になっていることが多いものです。典型的な症状を見てみましょう。

- **ベクトル**：短期的な業績や業務目標のみが共有され、メンバーの思いを共有・結集しようとしていない

・**プロセス**…業務上のオペレーション（手順や役割分担）の流れを効率化することだけに関心が向き、コミュニケーションが活発化していない

・**ヒューマン**…自分の業務遂行に支障の無い一定の関係性で安定し、チームやメンバーの成長につながるような行動が生まれにくい

困った職場症候群その5

「自分の業務だけで手一杯」職場

社員の視野は一メートル四方のみ

大手銀行のシステムの開発・保守・運用の一部を担当する中堅ソフト開発会社のE社では、システムの切り替えを目前にして百人を超える社員が毎日ハードワークに勤しんでいる。早朝から深夜まで端末に向かって各人が割り当てられた作業を黙々と続け、昼食も皆弁当を買い込んで自席で食べている。経験の浅い若手社員は、先輩に聞きたいことがあってもなかなか声をかけられず、ひとり思い悩んだり、作業が滞ってしまったりすることも多い。三十代のチームリーダーであるG氏はそんな状況を危惧していたが、自身も多くの会議や自分の担当作業に忙殺されており、なかなか部下の状況やチームワークまで配慮する余裕がなかった。

自分に手一杯でチームメンバーの兆候に目配りできない

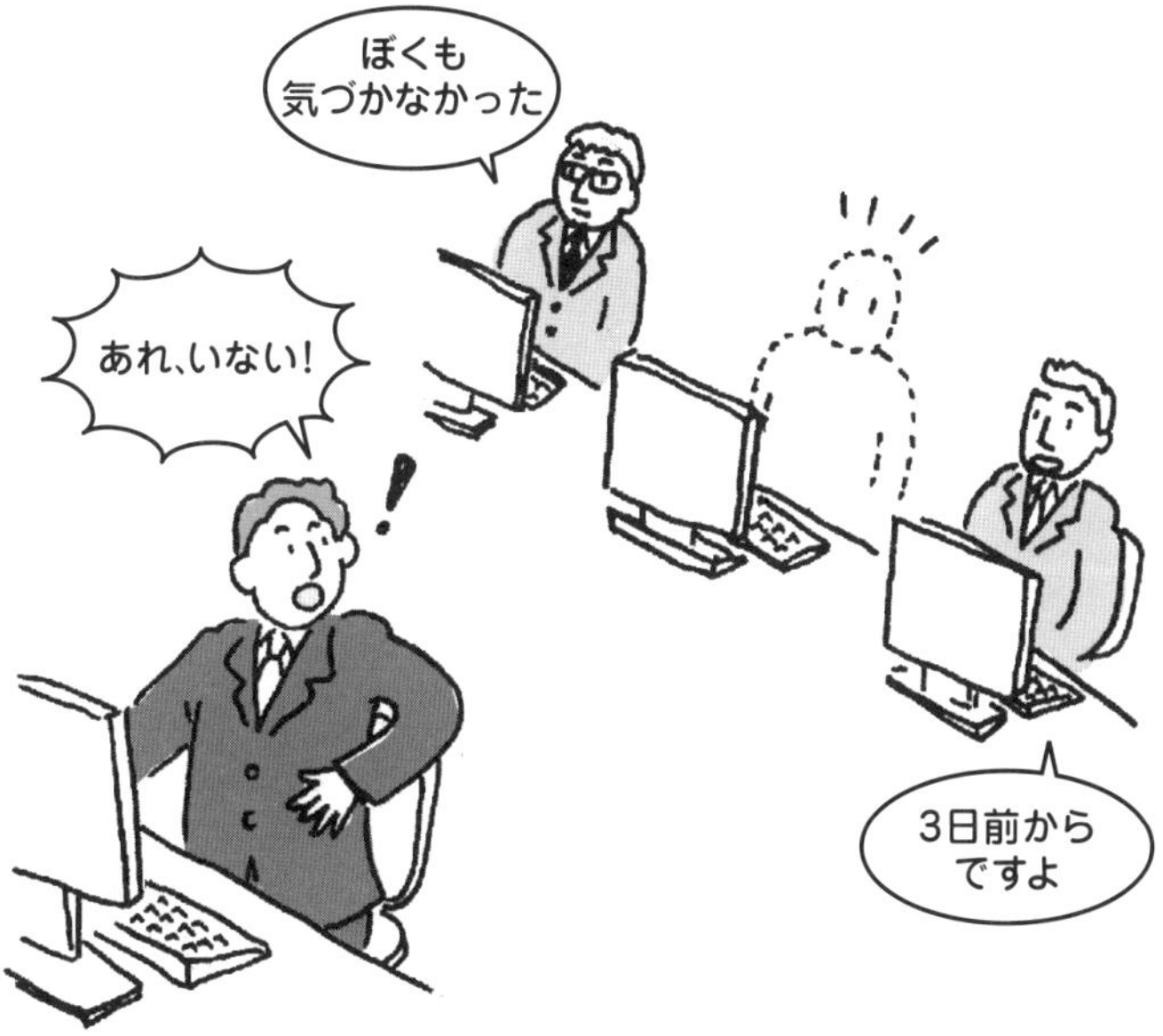
ぼくも
気づかなかった
あれ、いない!
3日前から
ですよ

そんな若手の一人F君が、ある日から続けて会社を休むようになった。リーダーのG氏が気づいたときは、すでに休みが四日目になっていた。F君の机の近くの社員に休むまでの状況を聞くと、「特に変わったところはなかったように思いますが」と淡々としている。「隣の席にいて気づかないのか?」と周りの社員をなじったが、「自分のことに手一杯で、人の心配までする余裕がなかった」「Gさんも忙しそうだったし」と逆に不満を返される始末だった。

G氏は早速F君の自宅を訪れ、病院に連れて行ったが、やはり疲労が激しく、しばらくは出社を見合わせ休養したほうがいいと診断された。要員の補充があるまでの間は仕方なく、現行のチームメンバーでF君の仕事を分担することにしたが、ある日給湯室で、メンバー同士が「参るよなあ、F君の分まで仕事が回ってきちゃって、いい迷惑だよ」「チームワークだとか助け合いだとか急に言われてもね」と言っているのが聞こえてきた。G氏はあまりに冷たい部下たちの言葉に呆然としてしまった。

各人が自分の守備範囲に埋没すると、チームとしての全体最適の視点が失われます。いわゆる「たこつぼ化」が起こるわけです。さらに締め切りや成果の質への厳しいプレッシャーがかかると、一人ひとりはどうしても自分の仕事だけに集中し、他に目を配る余裕もなくなります。その結果、仕事が遅れて追い詰められたメンバーが会社に来なくなるなどの事態に発展してしまうこともあります。

仕事の進ちょくを見える化する

こうした事態を防ぐためにはまず、メンバーにチームとしての一体感をもたせることが欠かせません。そのための方法は前章でいくつか述べていますので、ここでは職場でできるちょっとした工夫をご紹介したいと思います。

まずは、仕事の進ちょくやチームの状態を「見える化」することが有効です。見える化は、ファシリテーションの考え方やスキルの中でも、とりわけ職場という常設チームに応用しやすいものだと思います。各人の仕事の進ちょくに加え、調子や気分などの状態も、見える化してチームで共有できるようにするのです。仕事のはざまに生まれたエアポケットをカバーできないのは、他のメンバーの状況が分からないことが根本的な原因であることが多いと考えられます。見える化によって、ほかのメンバーの状態を知り、自分の状態を知ってもらうことで、相互に支援し合いやすい環境を作っていくのです。

例えば、仕事の進ちょくが見えにくいソフトウエアの開発現場などで、業務を見える化するために、「アンドン」を導入している会社があります。アンドンとは製造ラインで問題が発生した時に、ひもを引っ張ってランプをつけ、ほかの作業メンバーに迅速に知らせる仕組みで、トヨタ流生産方式の一手法として知られています。これをホワイトカラーの仕事にも持ち込むという発想です。具体的には、オフィスの壁に開発工程の作業をすべて書き出し、工程ごとに、「順調」に進んでいるという情報や、納期に間に合いそうになくなったり、トラブルによって仕事が進まない、といった「異常」情報を共有していきます。

仕事に遅れが発生した場合、本来はリーダーやほかのメンバーに相談すればいいのですが、「相手も忙しそう」と気を遣ったり、リーダーに怒られるのではと脅えたりしていると、相談を先送りして、後になってもっと問題が大きくなるリスクもあります。アンドンで異常発生を知らせるというコミュニケーション方法を、チームのプロセスに埋め込んでしまうことで、リーダーやメンバーの性格にかかわらず、トラブル情報を共有し、すぐに相談できる環境ができるわけです。

アンドンを導入しているある企業では、従来はメンバー一人ひとりが自分の作業に集中し、他のメンバーの作業状況に関心が薄く、そのため自分の前工程の作業で問題が起きても、それに気づくのが遅れて、手待ち（停滞のムダ）や手戻り（ミスのムダ）が数多く発生していました。もちろんリーダーは異常の情報を把握すると、関係する別のメンバーに伝えるようにしていましたが、リーダーだけが行うのではとても非効率だったので、「異常が発生するとメンバー一人ひとりが自律的に動いて協力して問題に当たれる仕組み」が求められました。

ただしアンドンによって業務過程の異常が共有されても、それによってメンバー同士がすぐ協力し合えるとは限りません。そこで、同じ部署のすべてのチームのアンドンを並べて壁に張り出し、さらに異常だけでなく、完了した時点で「予定通り完了した」「予定より遅れて完了した」という情報も張り出す工夫をしました。異常を放置して納期が遅れると、「予定より遅れて完了」という情報が張られていくことになるので、チームとしての総合成績が問われているかのような意識が醸成されました。異常マークが出るとメンバーたちがすぐに「どうした？」と集まるようになってきました。

メンバーの気分を見える化する

「ニコニコカレンダー」を使って、メンバー一人ひとりの毎日の「気分」を見える化している職場のチームもあります。職場の目立つ場所に、縦にメンバー名の一覧、横軸に日付を書いた大きな紙を張り出します。メンバーは毎日帰宅前に、一日を振り返って、「黄色の笑顔マーク」「赤色のぼちぼちマーク」「青色の憂うつマーク」などからその日の気分に一番ぴったりしたマークのシールを張っていきます。

例えば、憂うつなマークを張り続けるメンバーがいれば、体調の異変や技術上のトラブルなど何らかの問題を抱えている可能性があるわけです。リーダーが毎日ニコニコカレンダーを確認し、翌日にはメンバーに「何かあったの?」と声をかけることで、問題を早めに解決したり、メンバーが抱えていたプレッシャーを軽減したりできる可能性が高まります。こうしたツールは、紙一枚とシールさえ用意すればどんな職場でも手軽に始められます。

「普段から机を並べている同僚同士なのに、そこまでしなくても」と思われるかもしれませんが、仕事のほとんどをパソコンでこなし、連絡もメールや携帯電話が主流という今日の職場環境では、隣の人が何をしているかすらよく分からないというケースは多いのではないでしょうか。

職場のメンバーの状況や心情を察知する余裕がない組織が増えています。だからこそ、職場のファシリテーティブ・リーダーは、そうしたものを見える化する仕掛けを作

メンバーのその日の気分を顔マークで表現するニコニコカレンダー（佐賀県庁の例）

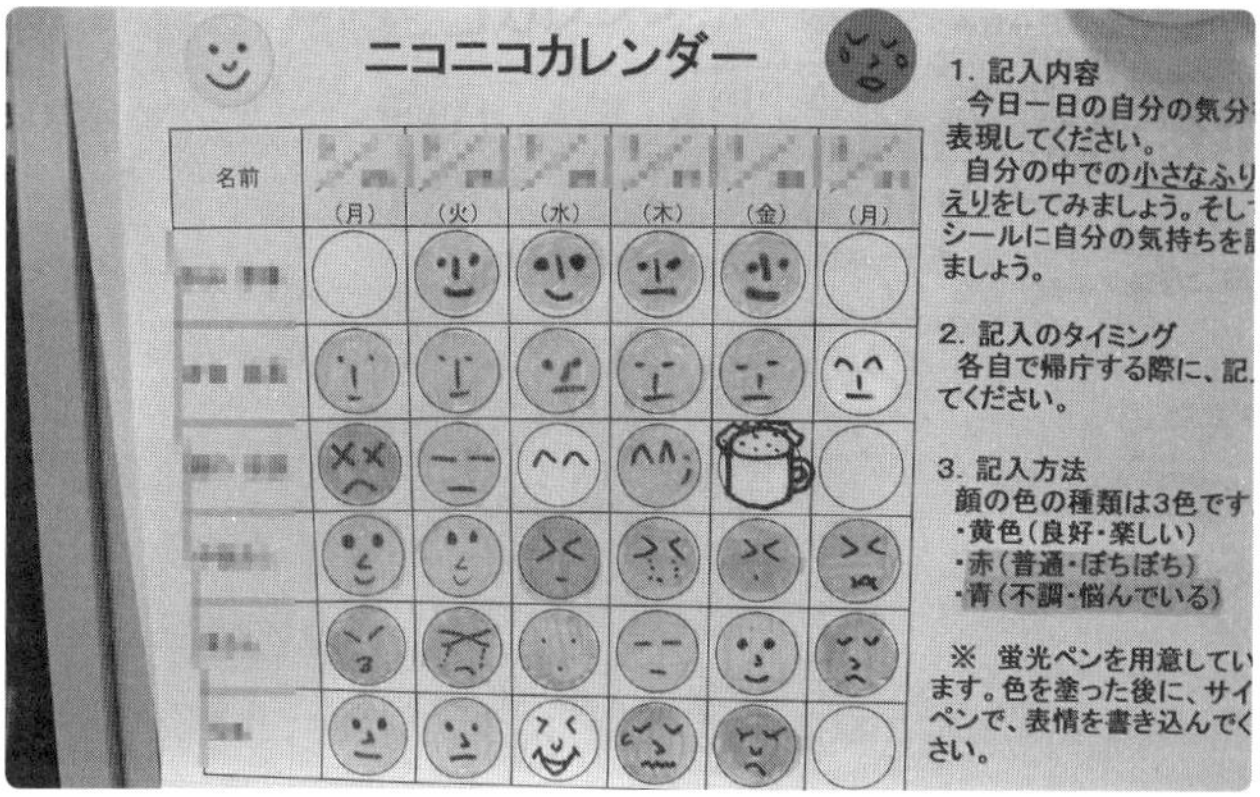

出典：日経情報ストラテジー

りこみ、チームの運営を工夫していくことに意識的に努力する必要があるのです。

あえて対立を起こす

見える化に加えて、職場のファシリテーティブ・リーダーに求められるのは、コミュニケーションを活発化させることです。活発なコミュニケーションとは、仲良しグループのように対話が行われるだけではなく、協調しながら、ときには意見の対立がきちんと起こるコミュニケーションです。

チームを作り、何かを生み出していくうえで、考え方や意見の相違による対立は避けて通れません。むしろ、対立をあえて起こしていくことが必要なのです。

多くの人にとって、対立は悪いもの、避けたいものという思いが強いかもしれません。特に、長い時間をともにする職場の同僚とは、波風を立てたくないというのが自然の心情です。しかし、相手の心証を害することを恐れて、言いたいことも言えないような環境ではストレスもたまるし、現状維持はできてもより高い成長は望めず、チームのあり方としてはむしろ不健全といえます。皆が考えをきたんなく主張し合う中で起きる

「建設的な対立」は、チーム作りにおいて絶対に欠かせないものなのです。

侃々諤々コミュニケーションのすすめ

建設的な対立が起こるには、安心して本音で語れる場と、健全な対立を促すチャレンジの双方が共に成り立っていることが必要です。

ファシリテーティブ・リーダーは、「共感力」を発揮して、チーム内で安心して率直な対話が充分に行われることを確保します。それから、「疑う力」を活用して、前提や既出の意見を疑い、新たな考えを促すのです。そして、対立が起こったとしても、それを受けとめ、さらに建設的で前向きな対話を促進することが求められます。このようなコミュニケーションを「侃々諤々コミュニケーション」と呼んでいます。

侃々諤々（かんかんがくがく）：正しいと思うことを堂々と主張するさま。また、盛んに議論するさま。
（出典：大辞林）

建設的な対立の中での必要十分な対話なくしては、十分な共通理解が得られたり目的の共有が進んだりすることはありません。

あるテーマに関して、自分の意見を十分に相手に伝え（皆が言い尽くす）、そして、相手の意見も十分に聞き入れて（皆が聞き尽くす）議論が進んでいきます。言い尽くす・聞き尽くすが実現すると、チームの意思決定がたとえ自分の当初の考えと一致しなくても、決定されたことを支持できると思えるようになります。これがチームがやろうとしていることに対して「納得感を醸成する」ということなのです。

侃々諤々コミュニケーションが行われるチームでは、次のような状態が生まれます。

・率直に意見を言い合える雰囲気の良い職場になる
・異なる意見の相手を理解することで自分に対する理解も深まる
・人間関係を深めることができる
・議論の幅や深さが向上して、意思決定の質を高めることができる
・互いに学び合うことで、新しい気づきやアイデアに出会うことができる

では、チームをこのような状態にするために、リーダーに求められる「共感力」と「疑う力」について、もう少し詳しくご説明しましょう。

「共感力」は、「受け入れる」スタンス、対する「疑う力」は「簡単には受け入れない」

侃々諤々で健全な対立を生む

というスタンスでチームと接することであり、一見矛盾するようですが、この両方を使いこなせるのがファシリテーティブ・リーダーなのです。

まず、共感力。リーダーは常に「受け入れる」というスタンスに立ち、メンバーの感情・状態に常に気を配り、共感することが求められます。この「共感」の効用は、不安の増幅を抑え、安心して対話のできる場を創設できることです。特に、殺伐としていて、互いを気遣う余裕がないチームでは、リーダーには共感力の発揮が求められます。

一方の「疑う力」とは、チームの現状や取り組みにただ共感するのではなく、「本当にこれでよいのだろうか？」と問うたり、あえて対立意見を持ち出したりして、疑いを投げかけていく力です。「疑う力」はチームに刺激を与え、議論を活気づけ、創造性と生産性を高めます。チームを成長させたりメンバーの気づきを高めたりするには、チームが前提としていることや既存の考え方へのチャレンジが欠かせないのです。波風が立たない、現状に甘んじてしまっているようなチームでは、リーダーには疑う力の発揮が求められます。ただし、非難しているように見えたり、屁理屈をこねているだけに見えたりしがちなので、十分に気をつける必要があります。

「共感力」と「疑う力」、いずれも、度が過ぎるとチームメンバーの信頼を失います。バランスに留意することが重要です。

共感力・疑う力

ファシリティーティブ・リーダーに求められる力	共感力	疑う力
具体的行動	安心して本音で語れる場作り	建設的で本質的な質問による新たな視点の提供
基本スタンス	受け容れる	簡単には受け入れない

「会わないコミュニケーション」を円滑にするには

ここまでは、「職場の常設チームのメンバー＝物理的に同じ場所で仕事をしている人」という前提でチーム内のコミュニケーションの取り方を考えてきました。しかし、この定義は、すべての職場に当てはまるものとはいえないかもしれません。

例えば営業担当者が直行直帰で顧客先を回り、営業所に出社するのは週一回程度といった営業チーム。本社の戦略スタッフと、地方の現場で実作業をするメンバーが連携するコールセンターや物流センター。海外にいる駐在員と日本の本社スタッフ。最近増えつつある在宅勤務。こうした職場ではメンバーが物理的に離れた場所で、直接顔を合わせる機会が少ないなかで、協働して仕事をしています。こうした物理的に顔を合わさないメンバーで構成される「バーチャルチーム」は近年急激に増えています。

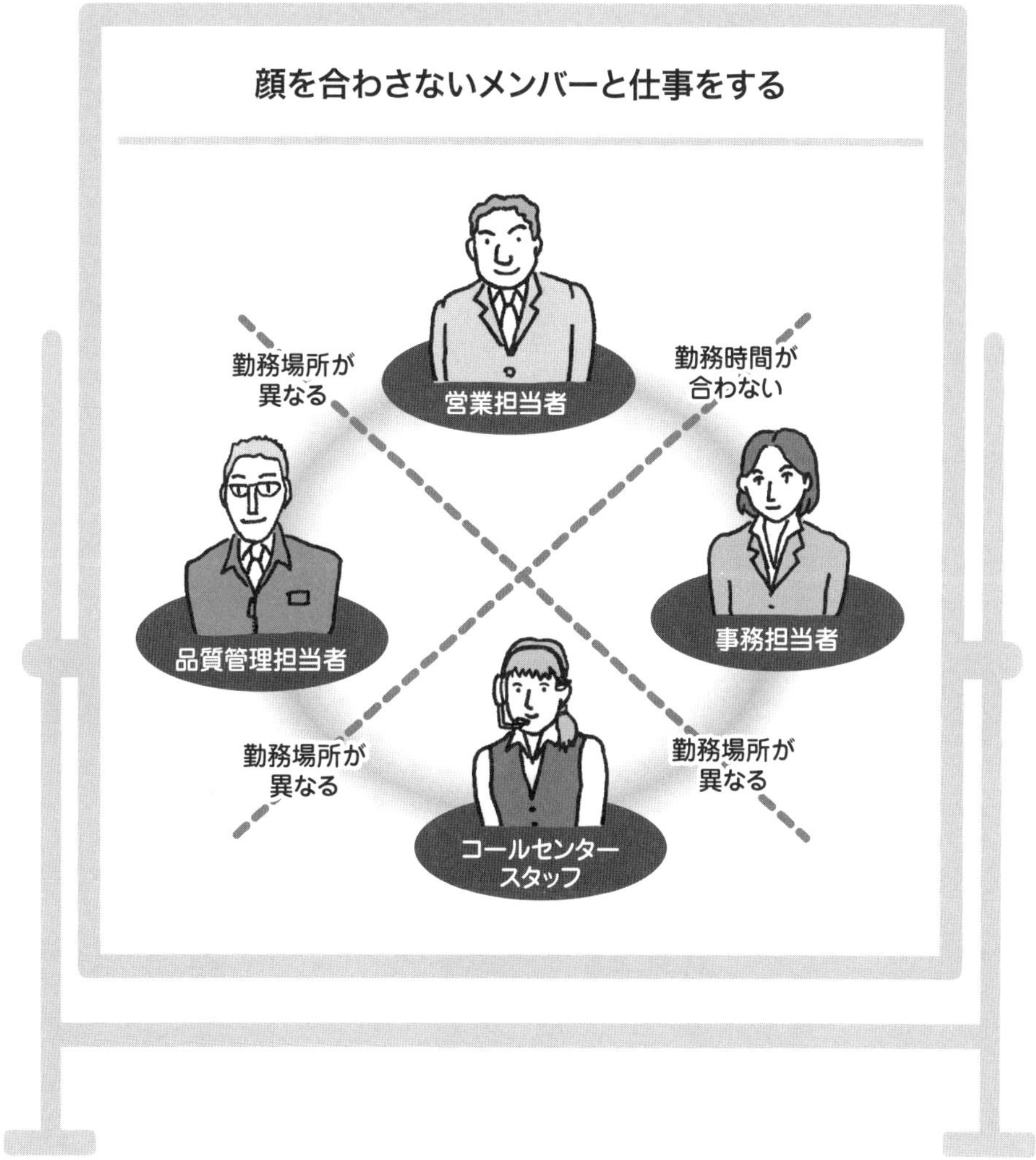
顔を合わさないメンバーと仕事をする
営業担当者
事務担当者
品質管理担当者
コールセンタースタッフ
勤務場所が異なる
勤務時間が合わない
勤務場所が異なる
勤務場所が異なる

困った職場症候群その6

協働不全職場

メールのみでのコミュニケーション

ハイテク部品メーカーＦ社の人事部は、本社がある東京で働く十人のスタッフのほか、地方都市の工場にも五人、米国の拠点にも一人のスタッフを抱えている。採用を担当するＧさんは入社三年目の若手社員だ。上司である主任は、大学の研究室へのリクルーティング活動が忙しく、一年の大半は出張している。Ｇさんは就職情報誌やサイトへの人材募集広告の出稿や、学生からの問い合わせなどを担当しつつ、工場の人事担当者と新人研修のプランを練ったり、米国のスタッフと外国人学生のリクルーティング計画を打ち合わせたりと多くの業務を並行してこなしている。

時差がある米国はもちろん、出張している上司や、工場のスタッフとも連絡はほとんどメールで取る。相手の忙しさに気を遣わなくても、いつでも質問や連絡を投げかけられるので、効率的にコミュニケーションが取れる、と思っていたのだが、最近はメールの「弊害」に悩み始めている。

先週は、出張中の上司から資料を送るように指示されたメールを見落としていて、期日までに送ることができず、「何やってんだ！ やる気あるのか」という赤字フォントのメールを受け取った。上司が訪問した大学でリクエストされた資料で、それが届かなかったせいで担当者の心証をかなり害したらしい。しかし、メールの文面だけでは、どの程度上司が怒っているのか分からないので、言葉を選びながら時間をかけて謝罪メールを書いた。

一方で、研修プログラムのたたき台を送った工場の担当者からは、三日経っても一向に返事がない。何度か督促したところ、「遅れてすみませんが、こちらも月末で大変なんです」というメールが来た。離れているから気づかなかったとはいえ、工場の人事スタッフは給与計算も担当しているので、確かに今は忙しい時期だ。その後もなかなか返答が来ないが、また気分を悪くされることを懸念してなかなか督促できない。電話をすれば済むことだとも思うが、ほとんど顔を合わせたこともない人に、いきなり督促電話をかけるのも気が引ける。

そして米国の担当者から二日前に受け取った英語の問い合わせメールは、内容が複雑そうなのでまだ返答せずに放置したままだ。パソコンの画面上に、メールの到着を知らせるアイコンが点滅しているのを見て、Gさんは気が重くなった。

バーチャルチーム運営の難しさ

チームメンバーが物理的に同じ職場にいるとしても、勤務時間帯が異なれば顔を合わせる機会は減ります。営業担当者が外回りを終えて帰ってきたら、営業事務を担当している派遣スタッフはとっくに帰宅した後だったというケースもよくあることです。

そうした環境では、同じ場所で顔を突き合わせて仕事をする時と比べ、チームの運営はやりにくいことも多いものです。例えば、

・ちょっとした相談を周囲の人に持ちかけることができない
・メンバーの様子や状況を、表情などからくみ取ることができない
・メンバーの働きぶりが見えないので、適切な評価ができない

メール依存でコミュニケーション不全に
遅れるぞ
やって
られないよ
まだできて
ないのか
すみません

といった問題が生じがちです。人が意思疎通するうえでは、言葉によるメッセージだけでなく、表情や態度などノンバーバル（非言語）なメッセージも汲み取りながらコミュニケーションすることが重要です。バーチャルチームでは、ノンバーバルなメッセージの受発信が極めて限られてしまうので、コミュニケーションがとても難しくなり、一体感も生まれてきません。

特に、高コンテクスト文化（詳細は第7章で後述）である日本人のなかには、会わずして信頼関係を構築するとか、チームの一体感を醸成するといったことは不可能であると決めつけている人が少なくないようです。

しかし、広大な土地を持つアメリカでは、以前からバーチャルチームは当たり前の存在です。リアルチーム同様、ベクトル、プロセス、ヒューマンの三要素をうまく機能させることで、チームを成り立たせることが可能です。事実、私たちは、欧米企業とのプロジェクトにおいて、会ったことのない在外の人たちとチームを組んで、バーチャルチームの有効性を実感してきました。

バーチャルチームで使う、Eメール、電子掲示板などを使っての議論スレッド、電話会議などを通したコミュニケーションは、「相手に正確に伝えよう」という意識が強く働き、コミュニケーションがより明確かつスピーディーになるというメリットがありま

す。そのためにも、前もってチームメンバー全員で、

・バーチャルだからこそ実現できること
・バーチャルではできないこと
・予測される問題
・問題を回避する方法

などについて話し合い、バーチャルコミュニケーションを効果的に持続させるための方法について、合意できるとよいでしょう。

「メール悪者説」は本当か

近年多くの会社で、社員同士のコミュニケーションが悪化している理由として、メールに依存し過ぎていることが挙げられるようになってきました。確かに、席が隣同士の社員までがメールで会話するという状況は健全とはいいがたい状況です。また、口頭のコミュニケーションに比べると、メールは言葉足らずになりがちだったり、感情をその

ままぶつけたものになったり、ニュアンスがうまく伝わらずに誤解が生じたりという問題も頻繁に起こっています。

とはいえ、時間や距離を越えて連絡を取り意思疎通が図れるメールは業務に欠かせないツールとなっています。特にバーチャルチームにおいては、メールを効果的に使いこなせなくては仕事が全く進まないとすらいえます。メール自体を悪者にするのではなく、書き方に気を配ったり、チーム内で書き方の共通ルールを作ったりするとよいでしょう。またメールだけでなく、電子掲示板やSNS（ソーシャル・ネットワーキング・サービス）なども併用できると、バーチャルでも密度の濃い情報共有ができます。対面や電話、テレビ会議などのコミュニケーションツールと、目的に応じて使い分ける工夫がさらに求められるようになっています。

バーチャルチームだからこそ、リアルな場の質を最大化する

「バーチャルチームだからこそできること」がある一方、毎日のように一挙手一投足を共有できるリアルチームに比べれば、コミュニケーションの質や量が劣る面もあることは事実です。したがって顔を合わせる機会がある場合は、それを最大限に有効活用し、

リアルチーム以上の濃密な話し合いを心がけましょう。

例えばある会社の全国に散らばって存在する営業所のメンバーが年に一回集まる会議では、丸二日かけたチームビルディング・ワークショップを行った例があります。このようなワークショップでは、ファシリテーターは、即座に場の雰囲気を作り、各地の情報を交換できるような双方向のコミュニケーションを起こさせる技術が求められますが、チームの目標やビジョンについて深く話し合い、メンバー同士の価値観を探求し合うまたとない機会です。リアルチーム以上に、ベクトル、プロセス、ヒューマンの要素を強化していく心がけが求められます。

第5章

強いリーダーシップチームを創る

～プライドと縄張り意識を乗り越えて

Chapter.05

最大の「問題チーム」は経営陣？

企業内に存在する様々なチームの中でも、企業運営に最も大きな影響を与えるのは「経営チーム」、つまり経営幹部で構成されるチームと考えられます。この章では、経営チームが真の「リーダーシップチーム」になるための手がかりを探っていきます。

まず、皆さんは、リーダーシップチームという言葉になじみがあるでしょうか。海外の企業ではよく使われる言葉で、組織図上で公式に定義している例も多いのです。一般に、最高経営責任者（ＣＥＯ）や最高執行責任者（ＣＯＯ）を中心とする執行役員で構成するチームを指します。「(トップ) マネジメントチーム」や「エグゼクティブチーム」と呼ぶ場合には、取締役のみで構成される経営陣だけを指す限定的な意味合いで使われることが多いようです。ここでは、厳密に定義することが本質ではないので、企業にとって重要な課題解決の方向性を導いたり、経営としての意思決定を行ったりするなど、「実質的に企業をけん引する役割を果たす」チームをリーダーシップチームと呼ぶことにします。そのメンバーが取締役、執行役員のほか役員ではない部門長などで構成されるケースも含めて考えていきます。

経営陣がチームになりにくい理由

経営陣が優れたリーダーシップチームとして機能している企業は、経営に健全なけん制を働かせ、一人が転べば会社全体が転んでしまうリスクを軽減しています。組織全体として見たときに生じる矛盾や問題も、建設的に解消していこうという構えができています。そして何より、リーダーシップチームの一体感が伝播し、組織全体にさらなる一体感をもたらします。

しかし、実際には経営陣がチームとして機能している例はそう多いとは言えません。米国の経営コンサルタントジョン・R・カッツェンバック氏は、「経営陣は最もチームワークに向かない」と述べています。私たちが接し、観察する限りにおいても、経営陣がチームとして機能している企業は極めてまれであり、「自分たちはチームだ」という意識が全くないケースすら珍しくありません。企業組織の中にたくさん存在する各種チームには有効に機能するよう促したり諭したりしていながら、自らの、そして組織運営の最上位に位置する重要なチームのことは、意識すら払っていないことがあるのです。経営陣一人ひとりは企業のリーダーとしての能力を有し存在感を示しているのに、経営チームがチームとしてリーダーシップを十分に発揮できていないとすれば、こんなにもったいないことはありません。

経営陣がチームとして機能しにくい理由の一つは、実質的なチーム活動の場がほとんどないことにあります。部や課などの常設チームは日々の業務活動を共にしていますし、プロジェクトなどの特設チームもある一定期間一つの目標に向けて業務を進めているので、チーム活動を実感しやすいものです。これに対して、リーダーシップチームは、構成メンバーそれぞれが事業部門などの機能組織のリーダーを務めていることが多く、異なるミッションの達成責任を担いながら構成されています。つまりチームの一員である意識が極めて薄いのです。

互いに顔を合わす機会が少ないので相互理解も進みにくく、部門の利益や人間関係を引きずったままであることも少なくありません。「A常務とは考え方が合わない」「B本部長の言うことには同意したくない」といった意識が支配したままで、チームとして相乗効果を生み出すどころか、足を引っ張り合って一人ひとりの力の総和以下の成果しか出せないでいるリーダーシップチームを、数多く目の当たりにしてきました。

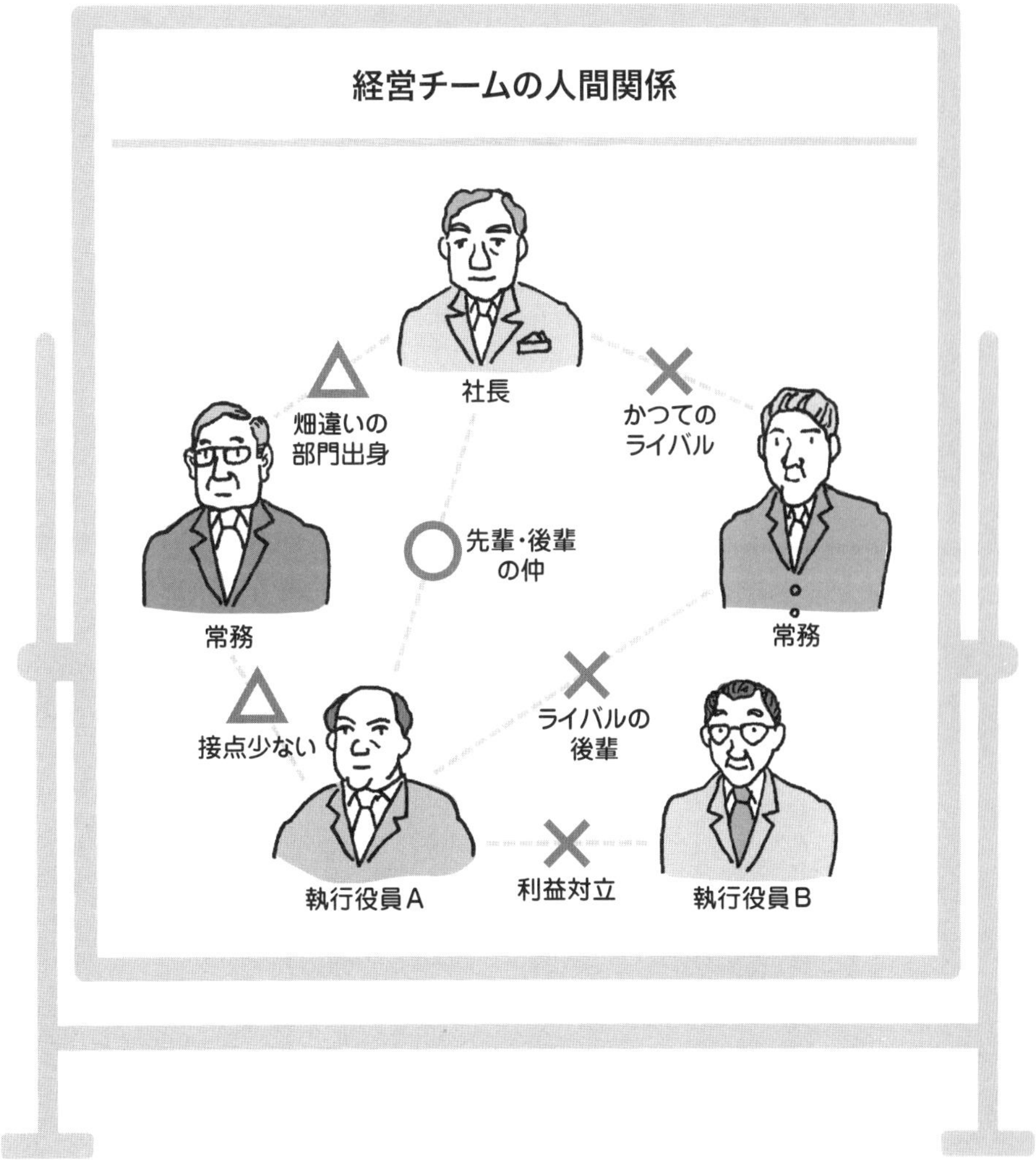
経営チームの人間関係
社長
△
畑違いの
部門出身
×
かつての
ライバル
常務
○
先輩・後輩
の仲
常務
△
接点少ない
×
ライバルの
後輩
執行役員A
×
利益対立
執行役員B

ワンマン社長の詰問会議

リーダーシップチームのチームとしてのリアルな活動の唯一の場といえるのが、チームメンバーが一堂に集まる、経営会議などの会議です。限られた実質的な活動の場なので、この場をいかに創造的にするかがチームとしてのパフォーマンスの成否を決するとすら言えます。しかし、残念ながら多くの企業で、経営会議は「創造的」とは程遠いものになってしまっています。私たちが頻繁に目にする典型的な経営会議のパターンをいくつか挙げてみましょう。

一つ目はトップによる「詰問会議」です。経営メンバーである各部門長が実績や業務の進ちょくを報告し、それに対してトップが問題点の指摘や叱責ばかりするというパターンで、オーナー経営の企業や急成長するベンチャー企業によく見られます。

第3章で、「たたきつぶす会議」に触れましたが、これと同じような構図といえます。経営トップが、自社のビジネスを誰よりも熟知しているので各部門の問題点を隅々にわたって指摘したり、業績の不振をただ叱責したりして、トップが各部門長の意識に活を入れるだけの会議になってしまっています。会議の場で、各部門長による創造性が発揮されることはなく、チームとしての一体感が醸成されることもありません。

私たちがファシリテーターとして経営会議を支援したある会社の社長は、自分がゼロから事業を立ち上げてきたという自負が強く、会社が大きくなった今でも現場を回り、現場の状況をよく把握しようとしている意欲の高い経営者でした。しかし、だからこそ、経営会議で部門長が事業の状況を報告する際にも、細部に至って説明を求めていました。会議メンバーは、細かい詰問に耐えられるように、部下をその場に同席させることもしばしばで、まるで国会答弁のようになっていました。

一方で社長は、自分以外の会議メンバーが、いつも自分の担当分野の報告しかせず、そして他のメンバーの報告に対しての発言が少ないことに不満を感じ、会議のたびに「経営会議メンバーは、もっと経営の視点で発言し、互いに意見交換をしてほしい」と思っていました。

部門長たちにも個別に聞いてみると、会議の場で、自分の領域に関して皆の考えを聞きたいのだと言います。

このように、不思議なことに、皆がもっと意見交換をしたいと思いながら、活性化せずに創造的なものにもなっていない会議やチームは少なくありません。

事務局が過剰なお膳立て

二つ目のパターンは、事務局がお膳立てをして進む「予定調和会議」です。事務局がシナリオを書いて分厚い資料を用意して説明し、経営陣はわずかばかりのコメントをするだけに終わり、シナリオを超える新しい視点からのアイデアも全く生まれずにしゃんしゃんで終わるというものです。

経営企画室などが事務局として経営会議の運営を担当する会社が数多くあります。確かに事務局が介在すると、会議運営の円滑さは担保できるものの、事務局のスタッフが、事前の準備を万端にし過ぎ、また、滞りなく議事を進行させることばかりに気を使ってしまうという問題が発生することがあります。多忙な経営メンバーの時間を有効に使おうと、入念に資料や議事進行のシナリオを準備するあまり、経営メンバーがそれに依存してしまって、結果的に経営会議の創造性が奪われる弊害もあるのです。

ある会社では、経営会議のたびに関係部署が資料を作成していましたが、経営トップは資料が分厚く目を通しきれないことに不満を抱いていました。ほかの経営会議メンバーも、資料を全部読みきれないので、会議の席では「ここの主語が違っている」といった資料の添削のようなささいなコメントしかできず、核心に触れた議論ができなくなっていました。

この会社の経営会議のファシリテーションを務めるに当たって、私たちは思い切って、一切資料無しの会議を導入してみました。最初は何を話せばよいのかと戸惑っていた経営メンバーも、徐々にそれぞれが本質的と考えるテーマだけを議論するようになっていったのです。

困った職場症候群その7

「腹を割って」話せない経営会議

議論せず、自分の主張を述べるだけ

三つ目のパターンは、議論にならない「各人の主張のみが述べられる会議」です。これについては事例を見てみましょう。

食品メーカーG社では、毎週木曜の午前中を経営会議に当てている。社長以下、専務や常務などの役員、各事業部を率いる執行役員の総勢二十人が参加する会議では、経営企画部門のスタッフが事務局を務め、司会進行や書記を担当する。

今日の議題は、ブランド力の向上だ。まずは広報担当役員が、今日の企業経営において、ブランド力がいかに重要であるか、他社はどのような取り組みを行っているのかなどを説明し、G社でもブランド力向上委員会を発足させたことを説明した。

事務局が役員らに意見を求めたところ、専務のH氏が口火を切った。「ブランド、ブランドと言うが、ブランドイメージだけが先行してもいかがなものか。実際に過大な広告を打って、かえって消費者の信頼を失った企業の例もある。ブランド力の前に、企業の実力を上げることが先決だ」

次は常務のI氏だ。「ブランド価値というのは、消費者の好感度だけで測るのではなく、様々なステークホルダーが企業をどう認識しているかという総合的な指標であるべきだ」。I常務のブランド価値についての「講義」は十分間続いた。

次のJ常務は「ブランドというのはひとえに当社と消費者の信頼関係だ。営業だけでなく、研究も開発も管理も、皆がどれだけ消費者のほうを向いているかだ」と力説した。

すると最初に発言したH専務が、再び持論を述べた。ほかの発言者に負けじと、前回の倍の時間をかけて説明した。それに対して、I常務はブランド価値が総合的な指標であるべきという講義を再び説明した。次にJ常務が続いたのはいうまでもない。

三者三様の意見が平行線をたどったまま繰り返され、終了予定時刻になったところで会議は閉会した。

この会社の経営チームのメンバーは、相互に意見をからめ合うことなく、自分の主張を繰り返すにとどまっています。これは百戦錬磨のメンバーが集まっているゆえに起こる現象です。

経験豊富でベテランの役員たちは、考え抜いて結論を出すことにたけており、慣れています。その半面、結論までたどり着いている自分の思考を巻き戻し、ほかの人の意見を織り交ぜてみたり、ほかの人の頭の中にある道筋を試しにたどってみたりということが至極苦手です。ベテランであればあるほど、話し合う力が衰えてしまっているようです。

この状況を改善するには、ファシリテーターがただ順番に話をさせるのではなく、意見がからみ合うよう頻繁に介入する必要があります。「H専務がおっしゃったこの点について、ほかのかたはどう考えますか」と、話し合いのポイントを明確にするようにします。それでも各人が持論を展開しようとするなら、元の論点に戻るよう注意します。

経営会議などでこのような役割を果たすのは、社内のファシリテーターには難しいことかもしれません。プロのファシリテーターに経営チームの話し合いを依頼するケースが多いのはそのためでしょう。

議論は平行線のまま

二つの帽子のジレンマ

最近は日本でも経営と執行の分離を進める企業が増えてきましたが、それでもまだ会社の経営を担う取締役が事業部門の責任者を兼ねている例は少なくありません。多くの経営メンバーは、自らのチームのトップであることと、経営チームの一員であることのジレンマを抱えているのです。こうした状況は「二つの帽子をかぶっている」と表現すると分かりやすいでしょう。これが経営チームの形成を難しくする最大の要因であり、経営会議において率直な議論の促進を妨げる要因にもなります。

経営メンバーは多くの場合、自分が担当する部門のトップとしての立場の方に身を置きがちです。実質的な活動のベースの場がそこにある以上、当然の成り行きともいえるでしょう。その結果「総論賛成だが各論では反対」もしくは「他部門のことには首を突っ込まない」という姿勢を取りがちになります。「総論賛成だが各論では反対」というのは、「経営の視点としては分かるが、部門のトップとしての立場からはとても納得できない」というジレンマが、そのまま表出している現象です。一方、「他部門のことには首を突っ込まない」というのは、「自分のところに首を突っ込んでほしくないから、他部門にも首を突っ込まない」という意識から、相手をけん制しているわけです。

チームのトップの立場と経営メンバーの立場の板挟みに

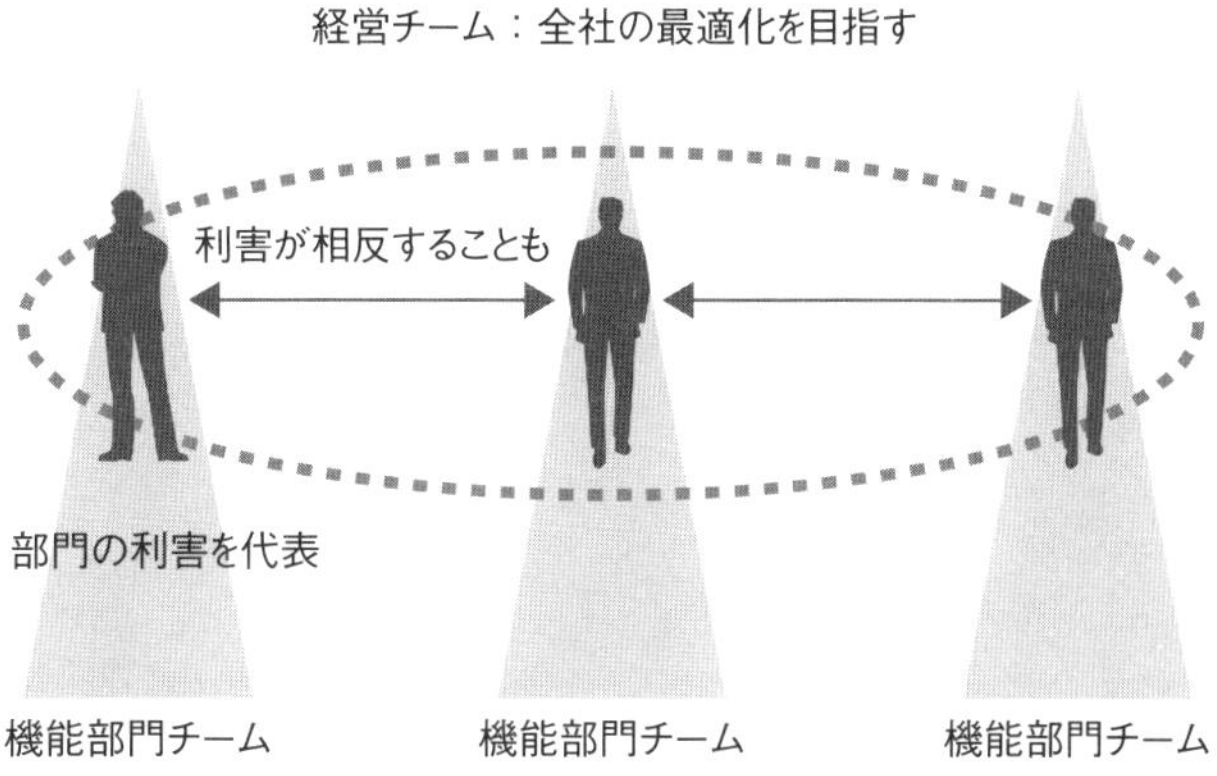

ジレンマを発展的に解消する

経営メンバーの多くがこのような片方の役割に寄った意識を前面に出すばかりでは、経営チームでの会議も創造的な場として有効に機能しません。議論をしても、平行線か、通り一遍の意見交換に陥る可能性が極めて高いと思われます。

いかにして、自チームのトップであると同時に、経営チームの一員という意識を各人が強く持ち、経営チームがチームとして機能するようにするか。一朝一夕に解決する特効薬のような策はありませんが、少なくともこの課題を認識する企業が増えていることだけは確かです。その証拠に、例えば我々が経営陣のコーチングを依頼される際、以前は「パーソナル（個人）コーチング」のみだったのが、最近は「チームコーチング」を依頼されることが多くなりました。人間関係のダイナミズムを意識しながら、各人をコーチングし、チームとして機能していくように導いていくコーチングです。

また、社内の各種チームのチームビルディングに混じって、「経営陣のチームビルディング」を依頼されることが増えています。経営陣のチームビルディングも、他のチーム同様、やはり、徹底したコミュニケーションや、チームとしてのベクトルの設定・共有などが鍵と考えています。コミュニケーションを徹底させるべく、経営陣こそ個室ではなく同室に集めるべきだと考える会社もあります。会社の目標を当たり前のように経営陣の目標としてしまっているだけで、実は、「経営チームとしての」目標がないことに気づき、経営陣が一丸となれるような目標を据えて、経営チームとしてのパフォーマンスを測れるように仕組み化している会社もあります。

ある会社では、経営チームが一丸となる求心力を生むために、「企業理念を意識した組織運営ができているか」といった、経営チーム独自の目標を持つことにしました。また、会社の目標実現に向けて、各事業部が機能しているかだけではなく、経営チームとして機能しているかなどを期末にチェックすることを習慣化しました。経営チームとしての進化を意識できるようにしたのです。

補完を意識し合う

経営チームを改善し、進化させていくのは、決して容易ではありません。多くの経営チームを観察して気づくのは、そもそも「補完し合う」という意識のベースが作られていないことです。経営メンバーは、それまでの成功体験に裏付けられた強い自負とプライドを持ち、誰かに「支援してもらおう」という発想すら持っていないケースが多いのです。ライバルに打ち勝ってレースに生き残ってきた（そしてさらに生き残ろうとする）強い競争意欲も協働を阻害しています。

しかし、お互いに協力できることを見いだし、お互いに補完し合うことができてこそ、真のチームになるのです。経営チームのメンバーがそれぞれの強みを認め合い、おのおのがどう補完し合えるかと考えることが欠かせません。そこで、経営チームのメンバー間で「補完し合う」という意識を、徐々にでも醸成するための取り組みを、いくつかの企業で試行錯誤的に行っています。例えば、各人の強みを元に、経営チームでの討議や他の経営メンバーの活動に、自分は具体的にどのように貢献できるかということを、徹底的に洗い出して共有する、という試みを始めた企業もあります。狙いはあくまでも、互いに「補完しよう」という意識を少しでも芽生えさせることです。

第6章

実例に見るワークショップの進め方

Chapter.06

「話し合う技術」を駆使したワークショップの実例

この章では、これまでご紹介してきた様々な考え方や技術を活用して、話し合いを成功させた事例をみていきましょう。私たちがA社という企業に依頼されて、二日間にわたって行ったワークショップの実例です。守秘義務の関係上、顧客企業が特定されないよう、表現は脚色してあります。

「ワークショップ」とは、そもそもは「工房」など共同で何かを作り出す場を意味する言葉です。近年よく使われるようになった言葉ですが、企業や組織においては、特定のテーマの下に、目的を達成しようとする人たちが集まって意見を交換し、創造的なアイデアや課題解決に向けた合意を生み出す場と定義できるでしょう。定型的なメンバーで議決を採り、組織としての意思決定を目的とした通常の会議と比べると、参加者の自主性を重んじ、意見やアイデアを活発にやり取りしながらお互いに触発し合うというプロセスに主眼を置いている点に特徴があるといえます。特に全社を巻き込んだり、複数部門を横断したりして、業務の抜本的な見直しを行うような、変革プロジェクトでよく催されるものです。

危機に直面した組織が選択

このように説明すると、ワークショップは、和気あいあいと仲良く場を楽しむ時に行うものであり、現在のような未曾有の経営危機に見舞われている局面では、のんびり話し合いを楽しんでいる余裕はないと思われるかもしれません。

しかし、以下で登場するA社のB事業部は、実際に危機に見舞われていたのです。この事業部は五年前に設立され、新規事業の立ち上げに携わってきました。二十代後半から四十代のスタッフ約五十人が、情熱を持って仕事に取り組み、当初はほぼ期待通りの成果を挙げてきました。しかし、一年前から売り上げの伸びが停滞し始め、さらに全社的に投資予算が削減されました。B事業部は、成長の第二ステージに向けて、事業の見直しが必要になったのです。

事業部長であるC氏は、事業を再び成長軌道に乗せるには、一時的な業績のテコ入れよりも、より効率的に業務を行える組織作りが必要だと考えました。そこで第二ステージの目標とアクションプランを設定するため、部員全員を集めて話し合う必要があると考え、ワークショップを企画しました。そこでの話し合いを円滑に進めるため、プロのファシリテーターである私たちに、ワークショップを仕切るよう依頼が来たのです。そこで以下のような手順で、ワークショップを準備し、実行していきました。

事前準備1 目的を確認する

ワークショップの開催に先立ち、まずは依頼主であるC事業部長と話し合いました。このワークショップの目的が何かを確認するためです。先ほど述べたように、依頼された時の目的は「第二ステージの事業目標の設定」でした。いわば事業部の中期計画を設定するようなものといえるでしょう。

ところが実際にC事業部長と話してみると、当初聞いていた目的以外にも狙いがあることが分かりました。「事業部のメンバーの自発性や主体性を育てたい」という点です。実はC事業部長は、第二ステージの組織イメージを自分なりに既に考えていました。「今までは事業の立ち上げに全員ががむしゃらに突っ走り、人海戦術で仕事をこなしてきた。成長が踊り場に差し掛かって、一人ひとりがよりきめ細やかに顧客ニーズに応え

ワークショップのファシリテーターの準備

プロジェクトの責任者を確認する

↓

プロジェクトの重要度、緊急度、予算、目的と成果を確認する

↓

プロジェクト会議の決定事項に承認の責任を持つ人物（スポンサー）を特定する

↓

プロジェクトリーダーと共に、スポンサーと面談し、真の目的と期待される成果を詳細に確認する

↓

プロジェクトリーダーと会議のプロセスをデザインする

↓

事前に、参加者に資料とアジェンダを配布する

なければいけない時に来た。本部からの投資も見込めない今、自分の頭で考えて行動しなくてはいけないという意識をメンバー全員が持ち、自発的により良い仕事のやり方を考えられるような組織にしていきたいのです」

こう話すC事業部長でしたが、この狙いをトップダウンで落とし込むだけでは、部員の意識が変わらず、結局これまでの仕事を変えるには至らないのではないかと懸念していました。そこでワークショップでは、最終的なアウトプットとして事業目標の設定と共有を実現するものの、そこまでのプロセスで部員の自発性や当事者意識を醸成していけるよう、プログラムを作り込んでいくことにしました。

会議やワークショップの前に、その目的を明らかにすることは、実は見過ごしがちなポイントです。論理的に討議し、一人ひとりのアクションプランに落とし込める結論を導くのか。話し合いを通じて当事者意識を醸成するのか。はたまた、メンバーが自分の本音を話し、不満を発散させたり、相互理解を深めたりできればいいのか。目的によって、それを達成するプロセスは変わってきます。ファシリテーターはまずこのポイントを押さえなくてはいけないのです。

事前準備2 プロセスを描く

プロジェクトの目的をはっきりさせたら、次はこれを実現するプロセスを設計します。複数のセッションを組み合わせて、どの段階でどんな成果を得て、次につなげるかを考えていくのです。セッションごとの時間配分や、メンバーの組み合わせも考えます。少人数のチームでの討議、全体での討議のほか、必要に応じて一対一の対話や、一人で黙考するセッションも設けます。これをまとめたものが、前述のアジェンダ、すなわち話し合いの地図なのです。

プロセスの設計に当たっては、意見を「発散させる」フェーズと「収束させる」フェーズを意識することも重要です。例えば会議の前半では、様々な意見やアイデアをメンバーから幅広く集め、後半ではそれらの意見に優先順位をつけ、最終的な合意に向けて絞り込んでいくといった具合です。

会議の目的によって、この配分も変わってきます。例えば、企画を検討するブレーンストーミングでは全員がアイデアを出し、他人の意見を否定、批判しないといったルールを作って、ひたすら意見を発散させます。逆に、経営会議などでは、事前に検討事項が絞り込まれており、短時間で結論を出さなくてはいけないので、意見がうまく収束するようにプロセスを設計したほうがよいのです。

この事業部のワークショップでは、二日間のうち、初日を主に発散に、二日目を収束に当てることにしました。初日は全員で事業部の今後の目標やその実現に必要なアクションについて意見を出し合い、二日目はそのアクションプランを絞り込むのです。さらに二日目の午後は、マネジャーだけが集まったセッションで、それらのアクションプランに優先順位をつけて、何をいつから取りかかるかまで決めてしまうことにしました。

プロセスの設計もまた、有意義な話し合いをするためには重要なステップです。一般的な日本企業の会議では、説明資料などコンテンツの準備には時間をかけるものの、その内容をどう討議して、合意を導き出すかという視点が足りないために、見当違いな部分の議論に時間を取られて合意に至らなかったり、無理やり議決を取って、参加者全員が消化不良のまま終わるといった失敗例がよく見られます。プロセスへの意識が足りないことが、討議がうまくいかない最大の要因とすらいえるのです。

フェーズ1 話し合いのルールを決める

いよいよワークショップの当日です。

ワークショップのアジェンダの例

	時間	トピック	内容・狙い
1日目	9:00	はじめに	・ワークショップの目的と成果の確認（事業部長から） ・2日間の進行表と進め方の確認
	9:30	チーム ビルディング	・アイスブレイク「ワン・ワード」 ・2日間の期待と不安
	10:00	ビジョンと 課題の共有	・これまでの年表作成 ・次のステージのあるべき姿を作成 ・課題を共有
	12:00		昼食
	13:00	自部門の 役割と課題	・あるべき姿を実現するための自部門の 役割と課題を整理
	13:30	2部門間の 対話セッション	・ほかの部門についての認識を部門内で共有 ・各部門が、ほかの4部門と50分ずつ対話
	17:30	まとめ	・課題と発見の整理
	17:45	終了	
2日目	9:00	はじめに	・1日目の振り返り、2日目の進行確認 ・アイスブレイク
	9:15	ブレーン ストーミング	・今後取るべき施策についてのアイデア出し
	9:45	施策策定	・ツールを使って施策案を絞り込む
	11:30		昼食
	12:30	施策発表	・各部門の各施策の採用・不採用を決定 ・マネジャー以外は2日間を振り返る
	14:30	マネジャー会	・マネジャーが採用された施策を発表 ・進ちょくフォローのやり方を決める
	15:30	行動計画の 決定	・部門ごとに行動計画を発表 ・他の部門からの質問に答える
	17:30	終了	

冒頭ではまず、このワークショップの位置付けと目的について共有しました。ワークショップの主催者であるC事業部長が説明し「第二ステージでより大きな成長を遂げられるよう、思う存分話し合って良い結論を出しましょう」というポジティブな言葉で締めくくりました。

続いてファシリテーターが、二日間の話し合いのルールを説明しました。ルールというと堅苦しく聞こえますが、「本音を率直に話す」「ほかの人の意見を否定するのではなく、代替案を出す」など、話し合いに臨む姿勢を言葉にしておくのです。「ワークショップ中は携帯を切る」「時間を厳守する」といった決め事をしておくのもいいでしょう。ルールは紙に書き出して、よく見えるところに張っておきました。

フェーズ2 前向きな雰囲気を醸成する

ワークショップに集まってきた人たちには、通常温度差があるものです。「この機会に課題を解決するぞ。積極的に意見を出そう」と考える人がいる一方で、「この忙しい時に二日間もかけて何をするんだ」と懐疑的、反抗的にとらえる人もいます。こうした差を埋め、できるだけ多くの参加者が前向きにワークショップに臨む土壌を最初に作る

まず討議のルールを決める（例）

- 相手の意見や立場を尊重する
- 積極的に聴き、話す
- ほかの人の意見を否定せず、代替案を出す
- 率直に本音で話す
- 時間厳守
- 携帯電話はマナーモードに

必要があるのです。

このために「アイスブレイク」として参加者全員で簡単なゲームを行いました。体を動かすことで場にリラックスした雰囲気を醸成し、参加者同士の親近感を深めることが目的です。

A社のワークショップでは、「ワン・ワード」というゲームをしました。十人ずつのチームに分かれて、順番に一文節ずつ発言しながら、文章を作っていくのです。例えば「私は」「今朝起きて」「顔を洗って」「朝食を食べて」「会社に行きました」といった具合に、一人ずつ言葉をつないでいくのです。

ゲームのルールは、「前の人が言ったことを否定してはいけない」ということです。ウケを狙って「月旅行に行きました」などと言う人がいても、「というのはウソで」と続けてはいけません。「月の石を」「拾って」「NASAに」「寄付しました」など、荒唐無稽でもいいのでとにかく文章をつなげていくのです。これを続けるうちに、笑いが起こって場がなごみ、ポジティブな雰囲気が全体を支配するようになっていきます。

このゲームにはもう一つの狙いがありました。自分が何を言おうかと事前に考えていても、前の人の発言とうまくつながらなければ、別の言葉を探さなくてはいけません。自分が言いたいことを言うのではなく、話の流れに応じて言うべきことを考えるという経験は、その後のワークショップの議論でも役立ちます。自分の意見を述べるだけでなく、人の話に耳を傾け、議論の流れを踏まえて発言するという話し合いのルールを体得できるからです。

続いて、ワークショップへの期待と不安も一人ずつ話してもらいました。アイスブレイクで前向きな雰囲気が醸成されてきたといえども、「仕事が忙しいのにのんびり話し合いをしていてもいいのか」と思っている人もいるし、「うまく話せるだろうか」と不安を感じている人もいます。そういう思いは口に出してもらった方がすっきりするものです。ファシリテーターにとっても、議論に入る前にメンバーのマインドセットを把握で

ほかの人の意見に応じて発言を考える「ワン・ワード」
朝起きて
顔を洗って
月に行った
月の石を…

きる効果もあります。

フェーズ3 現状と課題を共有する

場がほぐれたところで、討議に入りました。まずは現状、すなわち第一ステージの状況を把握し、そこから課題を共有することから始めます。そこで八人くらいずつのグループに分かれて、第一ステージを振り返った年表を作成してもらうことにしました。「三カ月後に初めて受注が取れた」「五月に新商品が投入されて、コールセンターへの電話が急増し、パンクした」といった具体的な出来事を思い出し、書き出していくのです。

こうして事実を書き出したうえで、その時に感じた思いをも振り返って書き出してもらいました。「コールセンターが新商品の発売日を把握しているか、事前に確認しておけばよかったのに、忙しさにまぎれて忘れてしまって口惜しかった」といった意見が出ました。そうした意見を見て、「前もって連絡しなかったことで失敗した例といえば、自分も…」と自分の経験を話す人も出始めました。こうした過程を通じて、「行き当たりばったりでトラブルが起こる」「部門間の連絡が徹底していない」といった組織として

年表のフレームワークで事実を整理

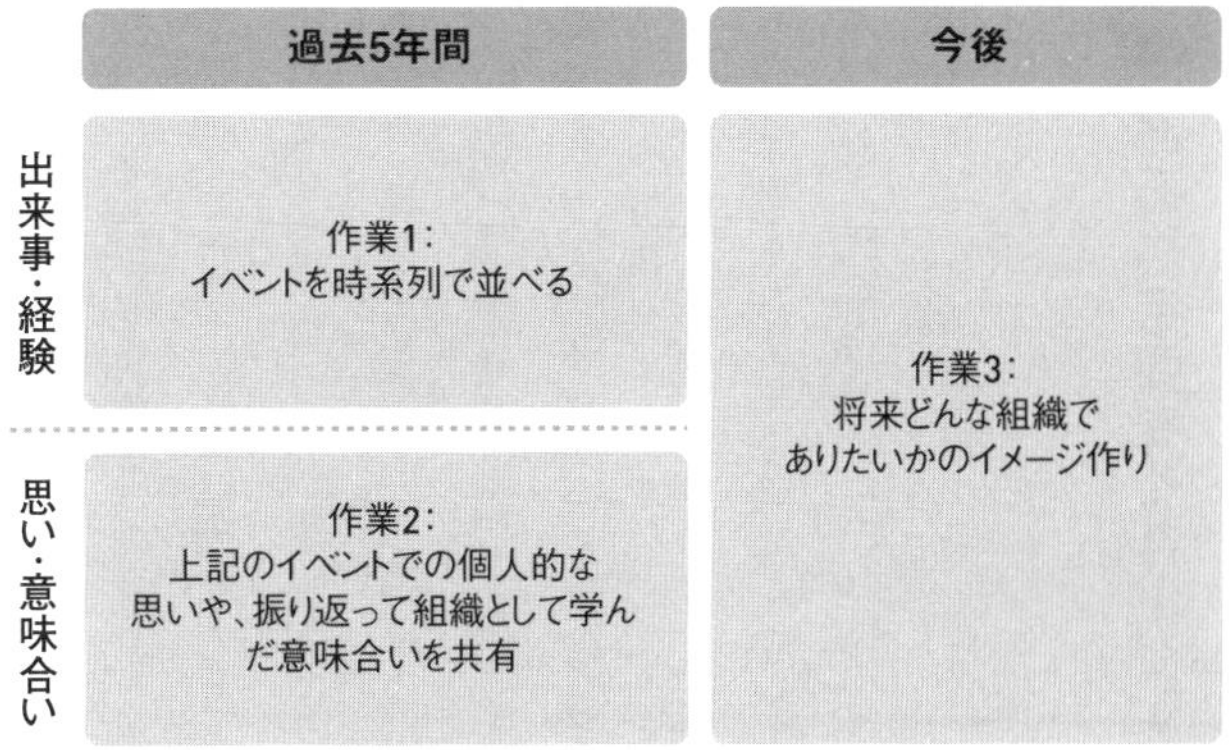

	過去5年間	今後
出来事・経験	作業1: イベントを時系列で並べる	作業3: 将来どんな組織でありたいかのイメージ作り
思い・意味合い	作業2: 上記のイベントでの個人的な思いや、振り返って組織として学んだ意味合いを共有	

の課題が徐々に明らかになっていったのです。

このセッションでは、話し合いを支援するツールとして「年表」を使いました。年表というフレームワーク上で、出来事を時系列に書き出すという作業を通じて、事実を自分たちが知る範囲で漏れなく洗い出していきました。こうしたツールを使わず、単に「現状を整理してください」と指示しても、何を言っていいか分からなくて発言がなかなか出なかったり、「部門間の連携が悪いことが問題だ」といった抽象的な意見に偏ったり、声の大きい人だけが自説を展開したりといった状況に陥る可能性が高いのです。

言葉の応酬という「空中戦」でなく、意見を紙に書き出して「見える化」することは、ファシリテーションの重要な手法の一つです。年表というツールは、たくさんの意見を引き出す「発散」を促進しますが、後で述べるように、意見を「収束」する過程でも、意見を整理するツールを活用することが有効です。

ここで分けたグループは、営業や調達、コールセンターなど様々な部署に属する人が入り混じるようにしました。一つの部に偏らず、事業部全体の出来事を洗い出すためですが、直接の上司に遠慮せず、思ったことを率直に言える環境を作る目的もありました。

三十分程度を年表作成と思いや反省の洗い出しに当てた後は、年表の横に、「第二ステージではどんな組織でありたいか」を書き出してもらうことにしました。ここまで事実を基に、全員が意見を出し合っていたので、「ありたい姿」もスムーズに出ました。「もぐら叩きでなく事前準備」「自転車（操業）ではなく自動車」といった秀逸なコピーも現れたのです。

フェーズ4 あるべき姿をイメージする

昼食を挟んだ午後のセッションでは職場のチームに分かれての討議を行いました。営

フリップチャートで意見を整理する

業や調達などの職場単位でテーブルを囲み、今後の組織を取り巻く環境要因を踏まえ、自部門の本質的な役割やミッションがどう変化すべきかについて討議してもらいました。前のセッションで討議にある程度慣れてきたので、職場のチームになってからもそれほど上司に遠慮したり萎縮することなく多くの意見が出ました。このステップでは意見を発散させることに注力し、それぞれのメンバーが考えるミッションや課題をすべて紙に書き留めていきました。

　ワークショップを通じて、意見の書き取りには「フリップチャート」を使いました。模造紙を束ねて、イーゼルに組み込んだもので、日本ではまだそれほど使われていませんが、欧米企業の会議では必需品とされています。日本企業の会議ではホワイトボードに板書する例が多いのですが、意見が一杯になると消さなくてはいけないので、これまでの議論の流れが分からなくなるのが難点です。フリップチャートを使うと、一枚の紙面がいっぱいになったら、切り取って壁に張り出すことで、これまでの議論の流れを参加者から常に見える状態にしておけるのです。複数の模造紙を使ってもいいでしょう。

フェーズ5 部門間の対話

次のステップでは、二つの部門で対話するセッションを行うことにしました。各部門がありたい姿は見えてきましたが、その実現には、当然ほかの部門との連携が必要になります。例えばコールセンターが「顧客のニーズに応じた的確な対応をする」というミッションを実現するには、営業部門から顧客情報をもらったり、マーケティング部門から商品知識を得ておく必要があるわけです。

とはいえ実際には、異なる部門同士は日常のコミュニケーションも薄く、互いの業務プロセスが分かっていない面もありました。そこでこのセッションでは、各部門が、仕事上で関わりが深い四つの部門と、五十分ずつ話し合いをすることになりました。部門間に存在する思い込みや認識ギャップをなくし、相互理解を深めて課題を共有することが目的です。もし短時間で解決できる問題があれば、その場で話し合う狙いもありました。たくさんのセッションを行うため、四時間を確保しました。

❖感情の対立に介入する

ファシリテーターは当初、二つの部門間でそれぞれの部門の課題を共有し、それを解決するために相互にアドバイスをしたり、助け合えることを考えるという進行にする予定でした。ところがいざ議論を始めると、お互いが責任を押し付け合う事態になってしまったのです。一方が「そちらが情報をくれないから、うちの仕事が遅れる」と言えば、もう一方は「連絡しようにも、いつも誰もいないじゃないか」と応戦するという具合です。

感情的な言い合いになりそうだったので、ファシリテーターは途中で進行予定を変え、まずそれぞれの部門で、相手部門との連携で起きている障害や課題を書き出すことにしました。課題を紙に書き出したのは、事実と意見を切り離す狙いもありました。感情的な対立が起こる議論では、ともすれば事実を十分に考慮しないで、意見ばかりを相手にぶつけてしまう傾向があります。ひどい場合には「そもそも協力しようという気が全然ない。うちの部を目の敵にしているのではないか」といった言いがかりとすら取れるセリフを吐き捨てることもあります。紙に書くことで、どんな時にどのようなトラブルが起こったか、それによってどんな被害が出たかという事実を整理することができました。

その後にその紙を持ち寄って、お互いに共通する課題を抽出して、どうすれば解決できるかを話し合いました。この時ファシリテーターは、片方の利益を優先するのではなく、両方の課題が解決できるようなＷＩＮ－ＷＩＮの解決策を考えるよう促しました。

例えば、Ａ部門が「相手部門のメンバーが不在がちで、連絡が取れない」と主張した場合、対するＢ部門では連絡係として常に一人席に残るといった解決策が考えられますが、それではＢ部門のほかの業務がひっ迫してしまいます。

こうしたジレンマに陥らないよう、ファシリテーターが議論に介入して、「すぐに連絡しないと支障がありますか」「連絡の正確性という面で見れば、一人ではなく、Ｂ部門全体で情報を共有したほうがよくありませんか」といった問いを投げかけて、視点を転換していきました。こうして話し合った結果、Ａ部門とＢ部門で毎日朝礼を開き、連絡や依頼事項を共有するといったＷＩＮ－ＷＩＮの解決策が図られました。

対立が起きやすい話し合いの進め方

ロジカルフローを意識する

状況把握
- 前提となる事実を明らかにする
- コンテクスト（文脈）を理解する

↓

問題点抽出
- 人と問題を切り離し、人に対しては柔軟に、問題に対しては強硬に
- 事実と意見を切り離し、事実に対しては忠実に

↓

解決策の選択肢立案
- 選択肢を列挙する行為と評価する行為を切り離す
- 単一の答えを探すことよりも、幅広い選択肢を提示する

↓

選択肢の評価
- 評価基準とプロセスについてまず合意する
- 論理の飛躍を防ぐ

↓

意思決定
- 対立したら目標と原則に立ち戻る
- 互いが決定しやすいような方法を配慮する

❖言いにくい立場の人から意見を引き出す

ただし、部門間の力関係に差がある時、強いほうが弱いほうを力で封じ込めようとする傾向もあります。例えば、営業部門と、そのバックヤードである営業事務部門のセッションでは、「営業事務は営業のサポートをするもの」という暗黙の定義があるため、営業部門が一方的に要求を突きつけ、営業事務部門は言いたいことがあっても黙っているというシーンが見られました。

ここでもファシリテーターが

介入し、弱い立場である営業事務部門のメンバーに話すよう促しました。自信がなく、相手を恐れながら発言しているような場合には、その話を熱心に聴いて相づちをうったり、時には話した内容を要約して「○○さんが言ったのはこういう意味ですね」と繰り返して、言いたいことが正しく相手に伝わるように支援しました。これは積極的傾聴と呼ばれるファシリテーションの基本スキルの一つです。

また強い立場にものを言わせて一方的に要求を押し付ける営業部門に対しては、違う視点から問題を見るよう促しました。例えば「いつも伝票処理が遅くて取引に支障が出る」といった意見に対しては、「具体的にどんな支障がありましたか」「なぜ」と事実を引き出すようにしたり、「本当に『いつも』必ず遅れるのでしょうか」とあいまいな表現を正したりしました。こうして視点を転換する質問を重ねながら、営業部門の緊急度を営業事務部門に伝え、それに応じて伝票処理の優先順位を変えていくといった解決策にたどりつけるようにしました。

今回のセッションでは三人のファシリテーターが張り付き、各セッションの進行をにらみながら必要に応じて介入するようにしました。一方的な議論や感情的な言い合いがエスカレートしている時は介入が有効に働きますが、議論が盛り上がっているときは、過度な介入はかえって水を差します。

自分の意見を述べず、傾聴に徹する

積極的傾聴＝

A	B	C
熱心に聴く	理解を示す	考えを促す質問をする

またこのセッションのように、当初予定していた進行ではうまくいかなさそうな場合は、柔軟に変更する必要があります。そのためにも、ファシリテーターは事前にいくつかのシナリオを用意しておいたほうがいいでしょう。

議論が対立することを嫌がる人は多いのですが、実は健全な対立はあるほうがいいのです。全く対立が起こらず、予定調和的に終始する会議では、参加者が表層的な議論でお茶を濁している可能性が高いといえます。そうした会議では、結論が出た後に、「実は自分は納得していなかった」と言い出す人が続出し、結局実行に移されなくなるのです。

フェーズ6 課題を整理する

ここでワークショップの初日は終了しました。翌日は課題解決のためのアクションプランを立て、優先順位をつけていくという絞り込みのフェーズに入るわけですが、その前にまず、初日のまとめとして部門横断チームによる討議、部門での討議、二部門間の対話といった三種類の議論で明らかになった課題を、部門ごとに振り返って書き留めました。

このとき使ったのが、Tチャートという図です。T字形の線を描いて、最上段に項目を記入し、二次元で情報を整理していきます。このまとめの段階では、「課題」と「その他の発見」という二つの項目で整理しました。

改めて書き出すことで、実は認識の不一致があったということが明らかになったりもしました。第二フェーズで仕事を組織的、系統的に進めるために解決すべき課題を整理しているはずのこの場でも、「売り上げを三割伸ばす」ことを課題に挙げてきた参加者がいたのです。ファシリテーターはTチャートに書き込みながら、「今回その課題について取り上げるべきでしょうか」と参加者に意見を促し、「関係ない」という意見が大勢を占めたのを確認してTチャートから外しました。短時間でも、こうした確認作業をし

Tチャートの例

課題	その他の発見
●営業部門と事務部門の情報共有が不十分 ●緊急トラブル発生時に、関係者が不在の時のプロセスが決まっていない ●営業部門とマーケティング部門に業務の重複がある ●新規チャネルのフォロー責任者が決まっていなかった	●同じチームの他のメンバーの仕事内容をよく知らなかった ●指示待ちで仕事をしているケースが多いことに気づいた ●部門のミッションを知らない人が多かった

ておくことが次のステップに進みやすくするのです。

初日のセッションの後は食事会を催し、他部門のメンバーとも親交を深め、翌日の討議に備えました。

フェーズ7 施策のアイデアを出す

ワークショップの二日目は、第二ステージの施策について考案し、その優先順位を絞り込んでアクションプランに落とし込んでいくことにしました。初日と同様、アイスブレイクで参加者をリラックスさせたら、まずは施策の案を出していきました。前日までに洗い出された課題に対して、何をなすべきかを考えたのです。

ここではブレーンストーミングによってアイデアを募りました。ブレーンストーミングはよく知られた手法で、A社のメンバーも普段から使っていましたが、実は鉄則があります。まずはアイデアを出すことに集中し、理由や経緯は説明しないこと。ブレーンストーミングではアイデアの質より量を重視するので、詳細な説明は無駄なのです。

そして出てきたアイデアに対し、ほかの人は一切批判や否定をしないことがルールです。一見でたらめなアイデアも許容します。常識の枠にとらわれていては、画期的なアイデアは生まれません。一見テーマに関係なさそうなことも、とにかく口に出していきます。

誰かの発言に便乗し、関連したり、発展させたりしたアイデアも歓迎します。ほかの人の発言に触発されて、発想を豊かにし、普段と違う視点からものを見ることができるようになっているからです。

ブレーンストーミングでファシリテーターは、出てきた意見に対して、「いいね!」「なるほど!」と肯定、絶賛し、気分を盛り上げてどんどん発言が出るように促します。批判の口を挟む人には、ルールを守るよう示唆します。そしてとにかく書き留めていきます。フリップチャートに書き付けてもいいし、次の収束のステップがやりやすいよう、付せん紙に書くのもいいでしょう。

ブレーンストーミングは時間が長すぎると収拾がつかなくなります。A社のケースでも、あらかじめ決めておいた時間がきたらさっと打ち切りました。

フェーズ8 施策案を絞り込む

そして収束のフェーズに入りました。たくさんのアイデアを絞り込んで、優先順位を決めておくのです。A社のケースでは、親和図とペイオフ・マトリックスという二つのツールの使い方をファシリテーターが説明しました。各チームは一つ、もしくは両方を使って意見を絞り込んでいきました。

ツールその1…親和図で類似する意見をまとめる

親和図とは、似たアイデアをまとめて、分類していく手法です。文化人類学者の川喜田二郎氏が発案した「KJ法」と同じものと考えていいでしょう。

メンバーがブレーンストーミングで出した改善策を一つずつ、一枚の付せん紙に書き込んでおきます。ファシリテーターはそれを全員に聞こえるように読み上げながら、フリップチャートに張っていきます。このとき、それぞれの案に対する評価や批判はしません。全部張り終わったら、メンバーがフリップボードの前に集まり、似たもの同士を近くに張り替えていきます。いったんほかの人が張った付せん紙を別の場所に張り替えても構いません。どの案とも類似点がないと思われる案は、そのままにしておきます。

一通り張り替えが終わったら席に戻り、各グループにタイトルをつけます。A社の事例の場合、営業部門であれば「外回りの活動の効率化」「顧客との関係作り」「営業事務部門との連携」「コールセンターとの連携」などの分類タイトルが出ました。タイトルをつけ終わると、再度付せん紙の内容を精査し、属しているグループが適切か確認したり、内容が重複しているものは一枚にまとめたりしていきました。こうしてまとめたものの中から、何を課題解決のための対策として選び出すかを皆で討議し、絞り込んでいきました。

親和図の利点は、全員が意見を出し、絞り込みのプロセスに参加できる点にあります。どんなジャンルの改善策が多く提案されているかが見える化されているので、少数の「声の大きい人」が自分の意見を押し通すことを防ぎ、平等に議論するチャンスが担保されているのです。

親和図で類似する意見をまとめる

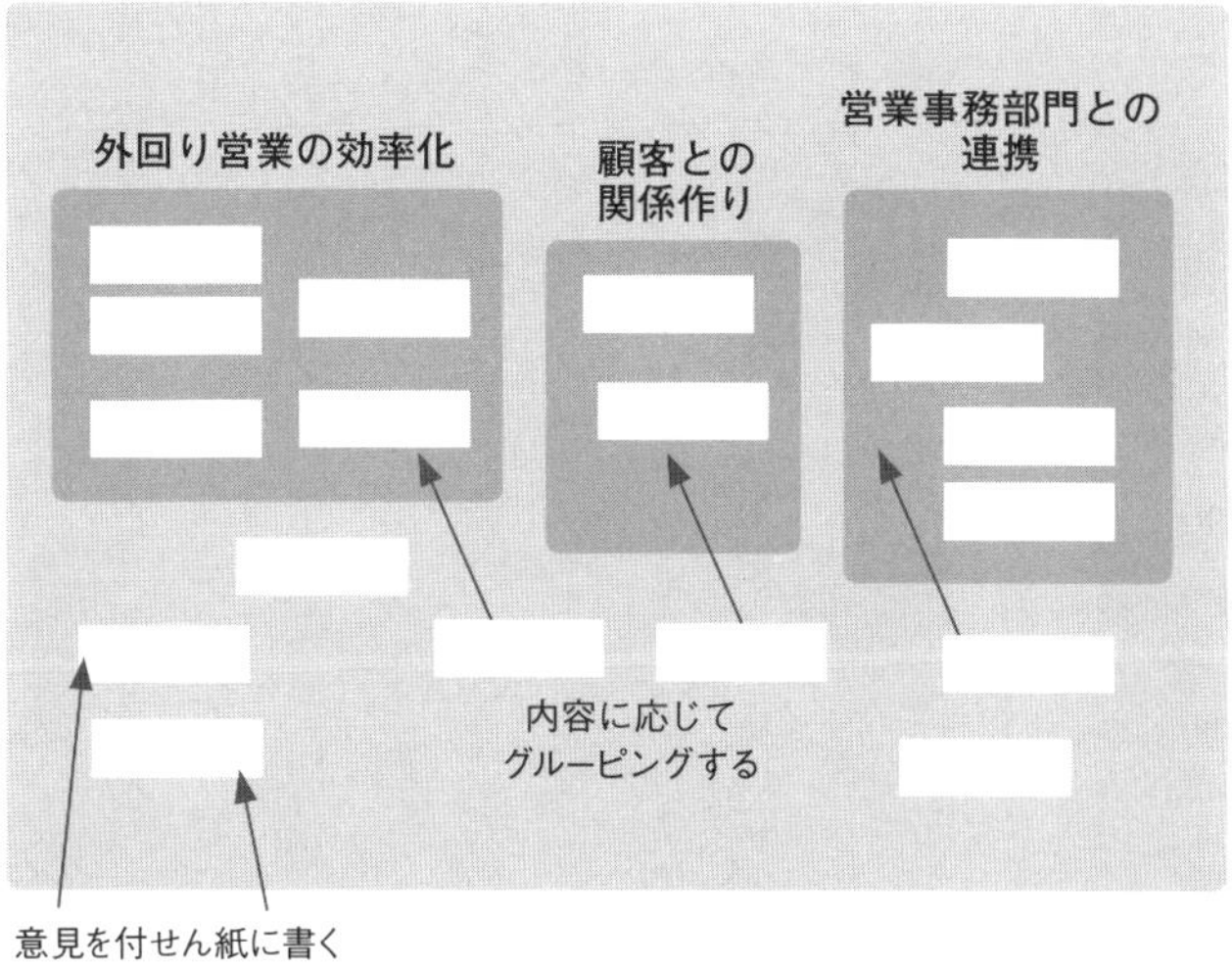

- 1枚の付せん紙に、1件のアイデアを書いてもらう
- 1枚ずつ読み上げて、内容を確認しながらグループ分けし、タイトルをつける
- 全体をながめると、参加メンバーの個々の意見と、全体の傾向が分かる
- 全員でアイデアを発散させた後、整理していくとき便利

❖ツールその2…ペイオフ・マトリックスでアイデアを絞り込む

ペイオフ・マトリックスは効果とコストなど、アイデアを二つの側面から評価するためのツールです。フリップチャートに二軸が交差した図を描き、ブレーンストーミングで出たアイデアを討議しながら振り分けていくのです。

例えば「受注業務システムを刷新する」という対策案は、効率化の効果は高いですが、コストもかさみます。「コールセンターと週に一回ミーティングをする」という案は、効果はそこそこかもしれませんが、人件費以外のコストはほとんどかかりません。参加者で議論しながら、図上でアイデアを整理していきます。こうして案を整理し、相対的に効果が大きく、コストが小さいものから優先的にアクションプランに落とし込んでいくのです。軸はコストや効果のほかに、実現可能性や顧客満足度、収益性、ビジョンなどが考えられます。

効果や実現可能性が定量化されていなければ判断がつかないと考えがちですが、そう難しく考えることはありません。ほかの案との相対比較で位置を決めていけばいいのです。大事なのは、議論して全員の合意を得ながら位置を決めていくことです。このプロセスを経ることで、最終的な結論に対し、参加者の納得感が増加します。

ペイオフ・マトリックスでアイデアを絞り込む

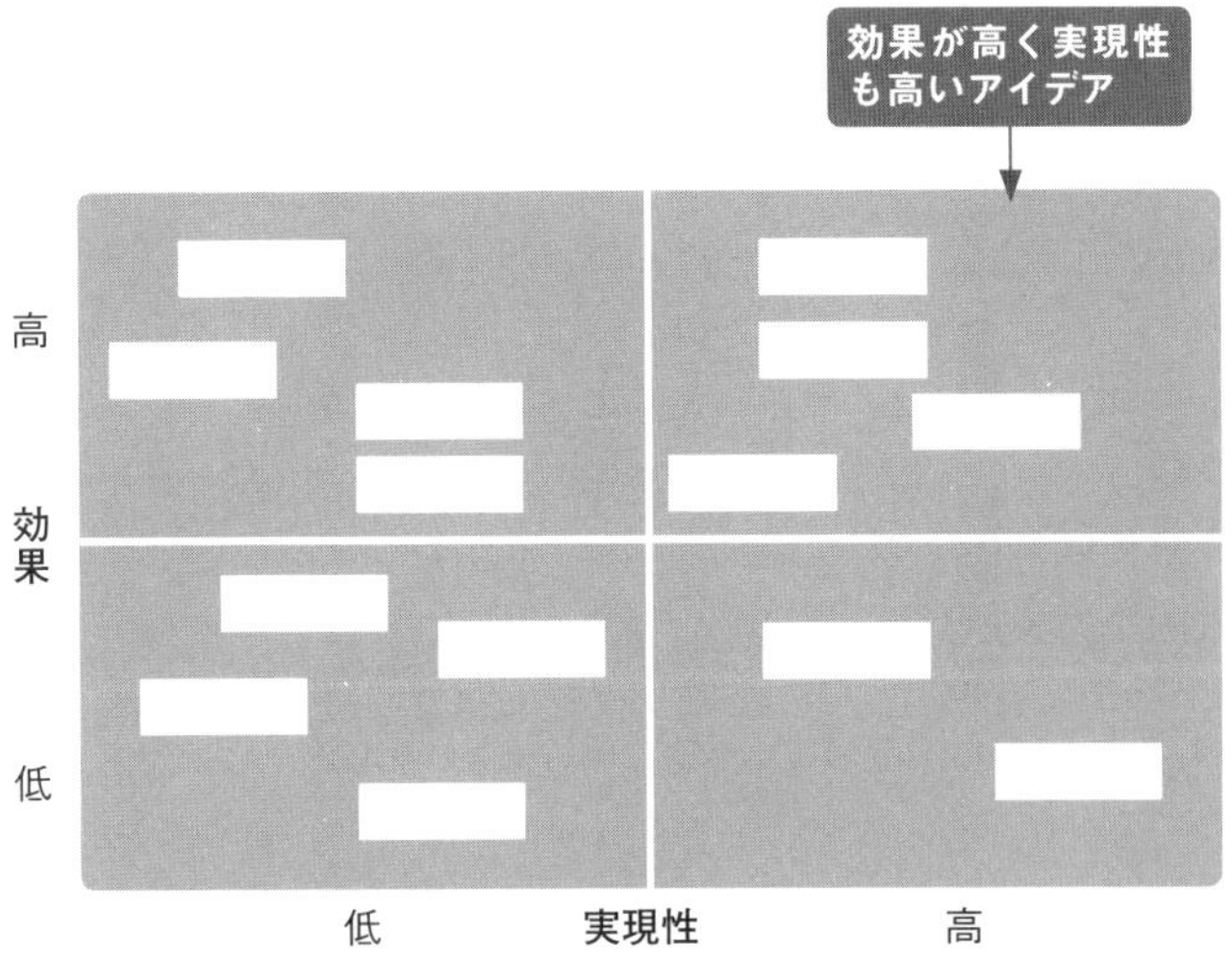

- 付せん紙に書かれたアイデアを4象限に張っていくことで、アイデアの位置付けが明確になる
- 費用対効果のほかに実現性、顧客満足、収益性、ビジョンとの融合性などを尺度として使う
- アイデアの優先順位を短時間でつけることができる

フェーズ9 アクションプランの設定

課題に対する対策案が絞り込まれたら、アクションプランを作成しました。「誰が」「いつまでに」「何をするか」を明確に記述して一枚の紙にまとめたものがアクションプランです。ポイントは見たら誰でもすぐに動き出せるようにすることです。対策案を抽出した時点で安心し、終わったような気になってしまうケースも多いのですが、このレベルまで具体的になっていないと、結局なしくずしでやらずに終わってしまいます。

特にA社のケースでは、この後すぐにマネジャー会議で、どの案を実行するか決めることになっていたので、ここまで具体化しておく必要がありました。効果が高そうな案でも、期日や人員に余裕がなければ絵に描いた餅に終わってしまうからです。

フェーズ10 マネジャー会議で意思決定

こうして策定されたアクションプランは、この後すぐに開かれたマネジャー会議にかけられ、採用するかどうかを決めました。ワークショップの場で最終決定までしたのは、部員、マネジャー双方のコミットメントを高め、逃げ道を遮断するためです。マ

アクションプランの例
What、How、Who、Whenを整理する

NO.	What	How	Who	When	承認
	家賃の削減 （約2700万円）	3カ所の営業所の事務所を本社スペースに統合	A部長	6月末まで	○

ネジャー会議では、アクション遂行責任はマネジャーにあることが確認され、あら探しではなく、サポートするスタンスで活動に接し、他部門との折衝はマネジャーの役割として認識するなどの約束がなされました。

会議終了後、マネジャーたちは再びワークショップの会場に戻り、どの案が採用されたかを発表しました。不採用の案についてはその理由を説明し、判断がつかず保留になったものは一カ月以内に決断する約束となりました。ワークショップの高揚感が残る部員たちは、二日間でここまで決まったことに達成感を感じ、採用された案の実行に主体的に取り組む意欲が醸成されたのです。

フェーズ11 振り返り

結論は出たわけですが、ワークショップにはもう一つのセッションが残っています。「振り返り」です。参加者がワークショップ全体を振り返って「目標は明確だったか」「時間配分は適切だったか」「活発な参加はあったか」「健全な意見の対立はあったか」といった点で評価するのです。

こうした評価はファシリテーターの成長を促すものであることはもちろん、ワークショップの参加者が話し合いに臨む態度を改善するうえでも有効なのです。

このA社の事例は、二日間を投じ、プロのファシリテーターを活用した大がかりな取り組みで、たくさんのセッションやツールを活用し、まさに「言い尽くし、聴き尽くす」プロセスを作り込みました。日常の会議の改善には、ここまでの労力はかけにくいかもしれません。ただし「場を作る」「議論を見える化する」「討議を集中させるべき領域にガイドする」「議論のアウトプットを意識させる」といったポイントは、どんなファシリテーションにも共通する要素といえます。

またワークショップや会議をその場で仕切るだけでなく、誰に参加してもらうかを決め、議論の全体プロセスを設計するのもファシリテーターの重要な仕事です。長期

振り返りでの評価項目

- セッションの目的は明確だったか
- 部屋や環境設定は妥当だったか
- 時間配分は適切だったか
- 参加者の人数は妥当だったか
- 参加者は、自分に何が期待されているか分かっていたか
- 活発に討議に参加していたか
- 健全な意見の対立があったか
- 意見の対立があった時、歩み寄ることができたか
- 目的は達成されたか
- 実施に向けての明確な行動計画が得られたか

にわたる変革プロジェクトなどでは、どのようなタイミングで話し合いの場を持つかを考え、各回の討議の目的や参加者、アウトプットの設計にも携わります。一つの会議でアジェンダを作るように、プロジェクト全体のアジェンダを時系列で描いていくわけです。会議でもプロジェクトでも、「中立的な立場で」「プロセスを管理し」「チームワークを醸成しながら」「チームの成果を最大化するよう支援する」というファシリテーターの役割の本質は変わりません。

第7章

ますます多様化が進む職場で

Chapter.07

広がる職場、多様化するチーム

ここまで様々な形のチームと、目的や課題に応じた「話し合う技術」について触れてきました。本章では、これから増えていくであろう二つのチーム形態をご紹介したあと、「話し合う技術」の未来について考えてみたいと思います。

多様性を活かすクロスカルチャー・チーム

経済がグローバル化し、ＩＴを活用した様々なコミュニケーション手段が実用化されるなか、従来の「職場」という概念は形を変え、様々な形態のチームが生まれています。その一つが「クロスカルチャー・チーム」です。日本企業の事業展開がグローバル化するのに伴い、多国籍のスタッフでチームを構成する例も増えています。とはいえ、多国籍のスタッフで構成するチームでは、文化や価値観の違いをうまく乗り越えられずにメンバーが早期に退職してしまったり、チームとして相乗効果を出し切れなかったりする例も少なくありません。

その原因の一つに、「○○人はこういう傾向がある」というステレオタイプの情報にはまり、メンバー同士の相互理解が進まないことが挙げられます。「アメリカ人は押しが強い」「中国人は計算高い」「ドイツ人は融通が利かない」といった類のものです。同じ日本人でも様々な個性を持つ人がいることを重々承知しているはずなのに、こと人種や国籍が違うと、画一的なステレオタイプを当てはめがちになってしまいます。

そのほかの原因としては、商習慣など、互いの文化や価値観の違いを理解し合うことなく、一方的に押し付けてしまうことが挙げられます。日本に進出した外資系企業が、日本の顧客から手厚いサービスを求められても、本社のサービス基準と折り合わず、日本法人が板挟みになって顧客開拓が軌道に乗らないというケースがよくあります。サービス基準に対する価値観の違いを理解しようとする意欲が足りないことが、結果的にビジネスを失うことにつながっているのです。もちろん、日本企業が海外に進出した場合も、同様の問題が起こります。

価値観や文化の多様性を力に変えてチームを運営している状態を「クロスカルチャー・チーム」と呼びます。こうしたチームを作るうえでは、「コンテクスト（文脈）の違いに対する認識」「ステレオタイプの排除」「エクスペクテーション（期待値）の交換」の三点に留意すべきです。

高コンテクスト文化と低コンテクスト文化

まずはコミュニケーションにおける、高コンテクストと低コンテクストの違いを理解することが大切です。高コンテクストの文化では「言外のメッセージをしっかり読み取り察することが重要」と考え、低コンテクストの文化では「思いや考えはきちんと言葉として表明しないと伝わらない」と考える傾向があります。個人差もありますが、文化人類学者のエドワード・ホール氏のモデルによれば、日本人やラテンアメリカ人は高コンテクスト、ドイツ人やアメリカ人は低コンテクストと位置付けられています。

高低のコンテクストが混在したチームでは、コミュニケーションのルールを作ることが効果的です。特に「言わなくても分かる」と考えがちな日本のメンバーには、分かりやすい言葉で明確な言語メッセージを発信するよう、意識の転換を促していく必要があります。

コミュニケーションにおけるコンテクストの違い

低コンテクスト（直接的）

- メッセージは明確である
- メッセージはより多くの会話や文書によって強調される
- 婉曲表現は時間の無駄、時には不誠実さの表れと見られる
- 調和よりも議論や説得に重点が置かれる
- 個人の立場や意見とその人自身とをはっきりと区別してとらえる

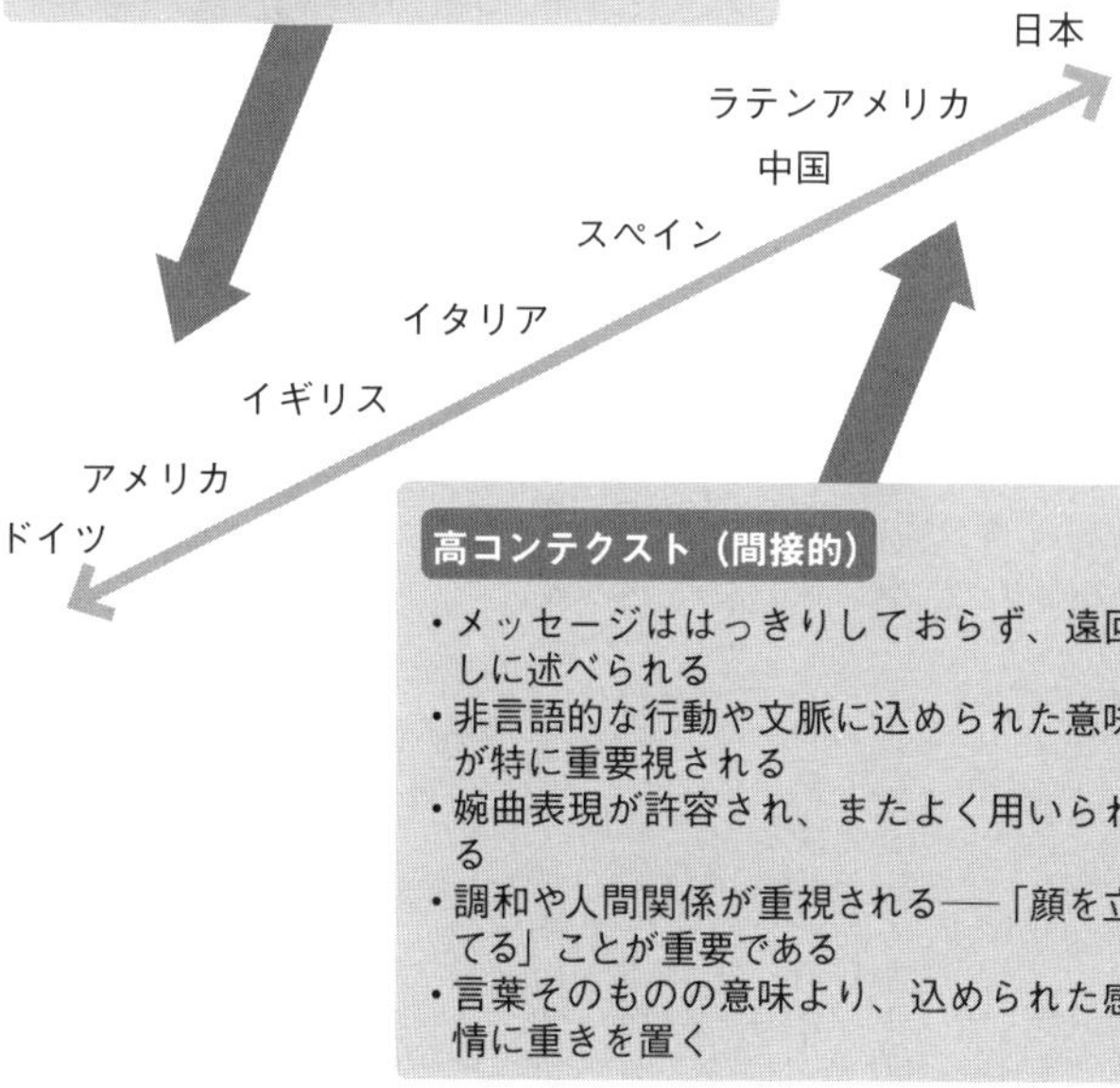

高コンテクスト（間接的）

- メッセージははっきりしておらず、遠回しに述べられる
- 非言語的な行動や文脈に込められた意味が特に重要視される
- 婉曲表現が許容され、またよく用いられる
- 調和や人間関係が重視される――「顔を立てる」ことが重要である
- 言葉そのものの意味より、込められた感情に重きを置く

背後にある問題の真因に迫る

次に重要なのはステレオタイプの排除です。トラブルなどが起こった際に、それを個別の問題としてとらえず、「これだから日本人は」「やっぱり中国人だから」と一般化し、先入観を形成してしまっては解決できません。思い込みから入るのではなく、トラブルなどの事象が起こった際に迅速に関係者を集めて話し合う機会を持ち、その事象の背景や真因に目を向けるよう仕向けていくべきでしょう。

三点目がエクスペクテーションの交換です。一般的に日本人は、部下に明確に何かを要求するよりも、「背中を見て学べ」とか「上司の考えを推し量る」ことが期待されます。しかし欧米企業では、部下に目標を明示し、部下の働きに対するフィードバックを率直に頻繁に伝えることが多く、部下側もそれを期待します。クロスカルチャー・チームではこうした違いを前提に、メンバーにどのような役割が期待されているかを明確にしておく必要があるでしょう。

エクスターナル・チームで知恵を集める

もう一つご紹介したいのが、「エクスターナル・チーム」すなわち「外部」と協働するチームです。従来チームの範囲としてとらえていなかった顧客や社外関係者も、チームの一員として考えていくのです。様々な専門性や知見を持つ企業が知恵を出し合うことは、厳しい経営環境のなかで成長するうえで大きな力になります。

例えば、外注先を「交渉相手」と考えず、将来に向けてＷＩＮ－ＷＩＮの関係を維持していくチームメンバーと位置付けてみたら、付き合い方も変わってくるでしょう。発注額の交渉に費やしていた時間を、顧客にとっての価値増大を考える時間に振り向けていくことなども可能になります。

業種によっては、顧客を単なる「売り先」と考えずに、商品開発のチームの一員として巻き込むことで、新たな視点を得ることができるはずです。大手コンビニエンスストアが実践している、メーカーとの共同商品開発もこの一例といえます。メーカーの技術力と、コンビニが持つ顧客ニーズの情報を結び付けることで、常に顧客ニーズを刺激する新商品を出し続けることが可能になっているのです。

米マサチューセッツ工科大学のピーター・センゲ教授は「内部の関係性やコミットメントのみに焦点を絞ったチームは、より大きな外の世界に目が行かず、自滅するだろう」と述べています。チーム内に不足する情報や技術などの専門性などを必要に応じて社内外のネットワークを活用し、チーム活動にうまく巻き込んでいくのです。この外部とのコネクションを図り、チーム活動に外部をうまく適合させるのがファシリテーター型リーダーです。

「C&D（コネクト・アンド・デベロップメント）」というモデルを採用して、外部の力を積極的にチームに巻き込んでいる企業の一つが米P&Gです。同社の商品開発チームは、外部の企業が持つ事業の種を取り込み、マーケティング能力を駆使して商品に仕立てています。二〇〇四年に発売された「プリントチップス」は、ポテトチップスの表面に文章を印字したもので、米国で大ヒット商品になりました。この商品の実現に当たって商品開発チームは、外部ネットワークを活用して、食品の表面に印字する技術を持つイタリアのパンメーカーを探し出し、技術提携にこぎつけました。

クロスカルチャー・チームは国境や距離を超え、エクスターナル・チームは組織の壁を越えて、どちらもボーダーレスな存在であることに注目しましょう。この二つのチームに共通することは、既存のチームの枠やメンバーにとらわれすぎず、目的や必要性に応じて自在にその形やあり方を変化させていくことであり、このような存在は今後も増加していくことと思われます。

しかし、たとえメンバーが異なる言語や文化的背景を持つ人々であっても、あるいは顧客など社外の関係者が加わったとしても、私たちのなすべきことは変わりません。ベクトル、プロセス、ヒューマンの三要素に配慮しつつ、ファシリテーティブなマインドでチーム運営を行ったり、チームに参加したりすることなのです。

「話し合う技術」があれば、たとえ今後チームの形がどのように発展しようとも、私たちは健全で強固な職場を維持することができるのです。

おわりに

危機を乗り越えるために必要なこと

Postscript

本書は日経情報ストラテジー二〇〇八年一月号から六月号に連載された「会社ですぐに使えるファシリテーション」と、二〇〇八年七月号から一二月号に連載された「ファシリテーションをチーム作りに活かす」の内容を基に、加筆再構成を行ったものです。連載時は、株式会社ピープルフォーカス・コンサルティングの四名のコンサルタント（黒田由貴子・松村卓朗・安田太郎・吉村浩一）が持ち回りで執筆を行いました。

私たちは一九九〇年代後半からファシリテーションを活用した組織改革のコンサルティングに携わってきました。当初は社員のモチベーションや職場の活性化についての問題意識から、仕事を依頼されるケースが多かったのですが、二〇〇八年後半から二〇〇九年にかけて、その意義付けが大きく変わってきたのを感じています。モチベーションアップでなく、生産性の向上のためにこそ、ファシリテーションを活用しようと考える企業が増えているのです。

業績の長期低迷が予想されるなか、経営環境の変化に応じて俊敏に動き、変えるべきを変えて数少ないチャンスを生かさなければ、組織が生き延びることはできません。「何度会議をしても合意が形成できなかった」「決まったことが現場に伝わらず、実行されなかった」などという組織は企業のなかで淘汰されるし、そんな組織ばかりの企業は、現在の世界恐慌とすら言われる厳しい経営環境を生き延びることはできないでしょう。短時間の話し合いで、言い尽くし、聞き尽くして、全員が納得できる合意を形成し、次のアクションに一丸となって素早く動き出す。それを可能にするために、ファシリテーションが大きな威力を発揮するのです。

実はファシリテーション導入の先駆者である米ＧＥや日産自動車も、その導入のきっかけはコスト削減でした。一九九〇年代にＧＥが行ったワークアウト活動では、ファシリテーターが活躍したわけですが、ワークアウトのもともとの意味が「運動をしてぜい肉をとること」であることからも推察できるように、ＧＥのワークアウトの目的は「話し合って業務の無駄を排除する」ことだったのです。日産の課題解決活動である「Ｖ－ＦＡＳＴ活動」も、部門横断的なチームが一堂に会して集中して話し合うことで、一気にコスト削減策を作り上げようという主旨で行われ、実際六十億円のコスト削減に成功したといわれています（日経ビジネス二〇〇三年八月一八日号より）。

ファシリテーションを活用して企業変革を成し遂げるプロセスを描いたビジネス・ノ

ベル『ザ・ファシリテーター』（ダイヤモンド社）の著者であり、現在投資会社リバーサイド・パートナーズの代表として企業再建に携わる森時彦氏は、「危機的な状況においては話し合いをファシリテートしている場合ではないという言う人がよくいるが、危機のときこそ、一人でも多くの知恵が必要であり、全員を団結させるためにファシリテーションが必要なのだ」と言っています。事実、森氏は投資先の企業において、業績改善のためのファシリテーションを行っているのです。

ぜひ、本書に紹介された事例やスキルを参考に、組織やチームの課題から、職場でのコミュニケーションのあり方、身近なちょっとした改善にいたるまで、様々なテーマについて侃々諤々と話し合い、一つでも二つでも実行していただけたなら、これに勝る喜びはありません。

今回の書籍化に当たっては、日経情報ストラテジー編集部の小林暢子さんに並々ならぬお力添えを頂きました。深く感謝申し上げます。

初出一覧

会社ですぐに使えるファシリテーション

第1回
「会議進行術」を超えて　組織成果を最大化する（日経情報ストラテジー 2008年1月号）

第2回
意見やアイデアで触発　ワークショップを活用（日経情報ストラテジー 2008年2月号）

第3回
業務を図で「見える化」　部門の利害超え最適化（日経情報ストラテジー 2008年3月号）

第4回
生産性向上の落とし穴　日常の会議を見直そう（日経情報ストラテジー 2008年4月号）

第5回
チームワークを強化し　変革を駆動せよ（日経情報ストラテジー 2008年5月号）

第6回
「背負い込み」から脱却　支援上手で組織力向上（日経情報ストラテジー 2008年6月号）

ファシリテーションをチーム作りに活かす

第1回
成果主義の弊害を　チーム力で乗り越える（日経情報ストラテジー 2008年7月号）

第2回
ワークショップを開催　ビジョンを共有し合う（日経情報ストラテジー 2008年8月号）

第3回
常設チームを強くする　侃々諤々で活力生む（日経情報ストラテジー 2008年9月号）

第4回
プロマネだけじゃない　特設チーム運営の勘所（日経情報ストラテジー 2008年10月号）

第5回
「リーダーチーム」を作る　創造的経営会議の運営法（日経情報ストラテジー 2008年11月号）

第6回
今後の運営の鍵は　仮想・異文化・外部（日経情報ストラテジー 2008年12月号）

著者紹介

株式会社ピープルフォーカス・コンサルティング

人と人の集団としての組織に注目し、「チーム」「リーダーシップ」「チェンジ」「バリュー」「ダイバーシティ」の5つの視点から、クライアント企業のビジョンや戦略を実現するサポートを行う。国内外の大手企業での研修やコンサルティングでの実績多数。

http://www.peoplefocus.co.jp

「日経情報ストラテジー」

経営改革や業務革新、現場改善活動を人材やIT（情報技術）の活用によっていかに実現するのか、具体的な事例を通じて分かりやすく解説する専門情報誌。経営改革や業務革新の中核的な担い手となる企業のマネジメント層や、実際に改革や改善活動に取り組む現場リーダー層（管理職）向けに、新しい経営手法や業務改革のケーススタディーなどの記事を提供する。チームビルディングやファシリテーションなど、組織力を高め、一丸となって改革に取り組むための人材活用・育成法について詳しく取り上げている。

http://itpro.nikkeibp.co.jp/NIS/

"困った職場"を劇的に変える

話し合う技術を磨く

2009年5月18日　初版第1刷発行

著者　ピープルフォーカス・コンサルティング
編集　日経情報ストラテジー
発行人　藤田 俊一
発行　日経BP社
発売　日経BP出版センター
〒108-8646 東京都港区白金 1-17-3
装丁　森田 佳子（日経BPクリエーティブ）
イラストレーション　アンディ
制作　萩原 愛　小柴美智代（日経BPクリエーティブ）
製本・印刷　大日本印刷株式会社

ISBN978-4-8222-1674-0